高职高专工学结合课程改革规划教材

Qiche Xingshi、Zhuanxiang he Zhidong Xitong
Jiance Zhenduan yu Xiufu

汽车行驶、转向和制动系统检测诊断与修复

（汽车运用技术专业用）

交通职业教育教学指导委员会
汽车运用与维修专业指导委员会 组织编写

宋保林 主编
张杰飞 副主编
黄晓敏 主审

人民交通出版社

内 容 提 要

本书为高职高专工学结合课程改革规划教材，是在各高等职业院校积极践行和创新先进职业教育思想和理念，深入推进"校企合作、工学结合"人才培养模式的大背景下，由交通职业教育教学指导委员会汽车运用与维修专业指导委员会根据新的教学标准和课程标准组织编写而成。

本教材以检测、诊断和修复汽车行驶、转向和制动系统的典型故障（工作过程）为主线，内容主要包括汽车行驶系各总成的检修方法，汽车行驶系常见故障的诊断，汽车转向系总成的检修方法，汽车转向系常见故障的诊断，汽车制动系各总成的检修方法，汽车制动系常见故障的诊断，汽车 ABS 系统各总成的检修方法，汽车 ABS 常见故障的诊断，EPS 系统的检修方法，ESP 系统的诊断方法等，共 5 个学习任务。

本书主要供高职高专院校汽车运用技术、汽车检测与维修专业教学使用。

图书在版编目（CIP）数据

汽车行驶、转向和制动系统检测诊断与修复 / 宋保林主编. —北京：人民交通出版社，2012.2

ISBN 978-7-114-09497-2

Ⅰ. ①汽… Ⅱ. ①宋… Ⅲ. ①汽车－行驶系－车辆检修－高等职业教育－教材②汽车－转向装置－车辆检修－高等职业教育－教材③汽车－制动装置－车辆检修－高等职业教育－教材 Ⅳ. ①U472.41

中国版本图书馆 CIP 数据核字（2011）第 230233 号

高职高专工学结合课程改革规划教材

书　　名：汽车行驶、转向和制动系统检测诊断与修复
著 作 者：宋保林
责任编辑：富砚博
出版发行：人民交通出版社
地　　址：（100011）北京市朝阳区安定门外外馆斜街 3 号
网　　址：http://www.ccpress.com.cn
销售电话：(010)59757973
总 经 销：人民交通出版社发行部
经　　销：各地新华书店
印　　刷：大厂回族自治县正兴印务有限公司
开　　本：787 × 1092　1/16
印　　张：9.5
字　　数：224 千
版　　次：2012 年 2 月　第 1 版
印　　次：2020 年 1 月　第 3 次印刷
书　　号：ISBN 978-7-114-09497-2
定　　价：23.00 元

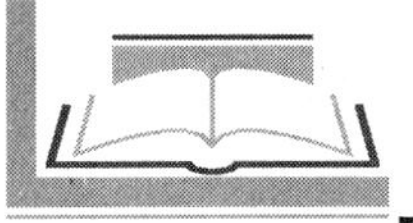

编审委员会

前言

为落实《国家中长期教育改革和发展规划纲要(2010—2020年)》精神,深化职业教育教学改革,积极推进课程改革和教材建设,满足职业教育发展的新需求,交通职业教育教学指导委员会汽车运用与维修专业指导委员会按照工学结合一体化课程的开发程序和方法编制完成了《汽车运用技术专业教学标准与课程标准》,在此基础上组织全国交通职业技术院校汽车运用技术专业的骨干教师及相关企业的专业技术人员,编写了本套规划教材,供高职高专院校汽车运用技术、汽车检测与维修专业教学使用。

本套教材在启动之初,交通职业教育教学指导委员会汽车运用与维修专业指导委员会又邀请了国内著名职业教育专家赵志群教授为主编人员进行了关于课程开发方法的系统培训。教材初稿完成后,根据课程的特点,分别邀请了企业专家、本科院校的教授和高职院校的教师进行了主审,之后又专门召开了两次审稿会,对稿件进行了集中审定后才定稿,实现了对稿件的全过程监控和严格把关。

本套教材在编写过程中,主要编写人员认真总结了全国交通职业院校多年来的教学成果,结合了企业职业岗位的客观需求,吸收了发达国家先进的职业教育理念,教材成稿后,形成了以下特色:

1. 强调"校企合作、工学结合"。汽车运用技术专业建设,从市场调研、职业分析,到教学标准、课程标准开发,再到教材编写的全过程,都是职业院校的教师与相关企业的专业人员一起合作完成的,真正实现了学校和企业的紧密结合。本专业核心课程采用学习领域的课程模式,基于职业典型工作任务进行课程内容选择和组织,体现了工学结合的本质特征——"学习的内容是工作,通过工作实现学习",突出学生的综合职业能力培养。

2. 强调"课程体系创新,编写模式创新"。按照整体化的职业资格分析方法,通过召开来自企业一线的实践专家研讨会分析得出职业典型工作任务,在专业教师和行业专家、教育专家共同努力下进行教学分析和设计,形成了汽车运用技术专业新的课程体系。本套教材的编写,打破了传统教材的章节体例,以具有代表性的工作任务为一个相对完整的学习过程,围绕工作任务聚焦知识和技能,体现行动导向的教学观,提升学生学习的主动性和成就感。

前言

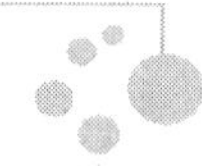

《汽车行驶、转向和制动系统检测诊断与修复》是本套教材中的一本。与传统同类教材相比,本教材打破了传统教学的章节体例,充分体现了工学结合,理实一体化的教学标准,采用项目驱动式教学方法进行编写。本教材主要使用了丰田威驰轿车、卡罗拉轿车和大众速腾轿车为例,详细地讲解了汽车行驶、转向和制动系统中典型故障的检测、诊断和修复方法。并设置了学生作业记录单和教师评分表,模拟实际的工作情况,提升学生学习的积极性和主动性。

参加本书编写工作的有:河南交通职业技术学院的梅丽歌(编写学习任务1)、河南交通职业技术学院的张杰飞(编写学习任务2)、河南交通职业技术学院的贾广辉(编写学习任务3)、河南交通职业技术学院的宋保林(编写学习任务4)、河南交通职业技术学院的叶新娜(编写学习任务5)。全书由河南交通职业技术学院的宋保林担任主编,张杰飞担任副主编,江西交通职业技术学院的黄晓敏担任主审。

限于编者经历和水平,教材内容难以覆盖全国各地的实际情况,希望各教学单位在积极选用和推广本系列教材的同时,注重总结经验,及时提出修改意见和建议,以便再版修订时补充完善。

交通职业教育教学指导委员会
汽车运用与维修专业指导委员会
2011年6月

目录

目录

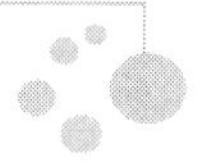

学习任务1　检测诊断与排除行驶系故障

工作情境描述

某丰田汽车维修站接收一辆丰田威驰轿车,根据车主反映,该车在平路直线行驶时会出现跑偏、车轮摆振、车身下沉等现象,严重影响行车速度,乘坐也不舒服;而且转向不如以前轻便,轮胎出现异常磨损。

请通过检测行驶系统各总成,判断他们的技术状况;若需要修复,请制订修复方法和工艺流程。

学习目标

通过本任务的学习,应能:

1. 叙述丰田威驰行驶系统各总成的结构特点;
2. 描述行驶系统常见故障现象,分析故障原因;
3. 描述行驶系统常见故障的检测与修复方法,判定故障部位;
4. 根据维修手册,制订对车架、车桥、车轮和悬架的修复方法和工艺流程,完成行驶系统各总成的检测、调整及更换作业。

学习时间

14 学时。

学习引导

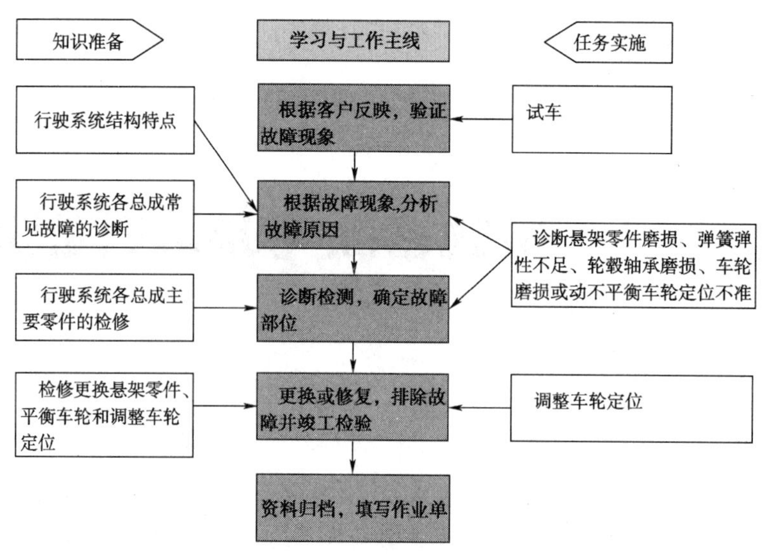

一、知识准备

（一）丰田威驰轿车行驶系的结构特点

轮式汽车行驶系一般由车架、悬架、车桥和车轮组成，如图 1-1 所示。丰田威驰轿车和绝大多数轿车一样，其行驶系没有车架，车架的功能由车身骨架承担，将所有部件固定在车身上，所有的力也由车身来承受，故称其为承载式车身，其结构如图 1-2 所示。

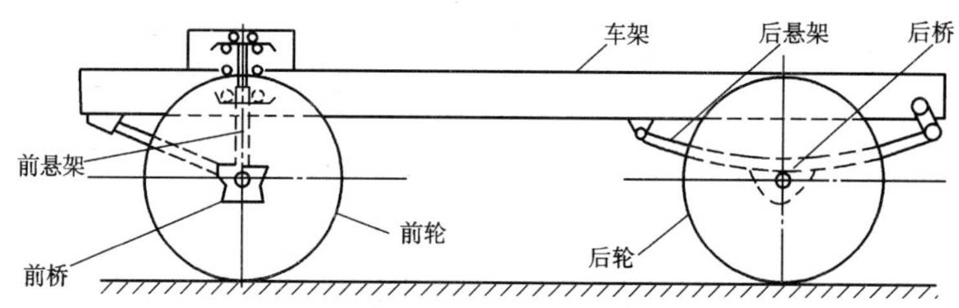

图 1-1　轮式汽车行驶系结构

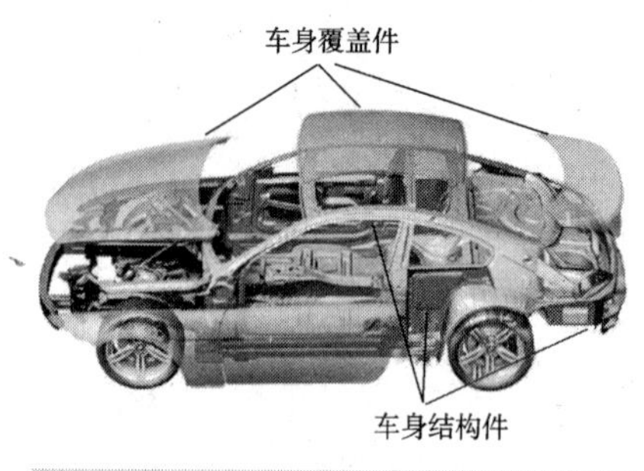

图 1-2　承载式车身

丰田威驰轿车前悬架采用麦弗逊支柱式独立悬架，前桥为断开式车桥，其整体结构如图 1-3 所示；后悬架为扭力梁式拖曳臂非独立悬架，后桥为整体式车桥，其整体结构如图 1-4 所示。

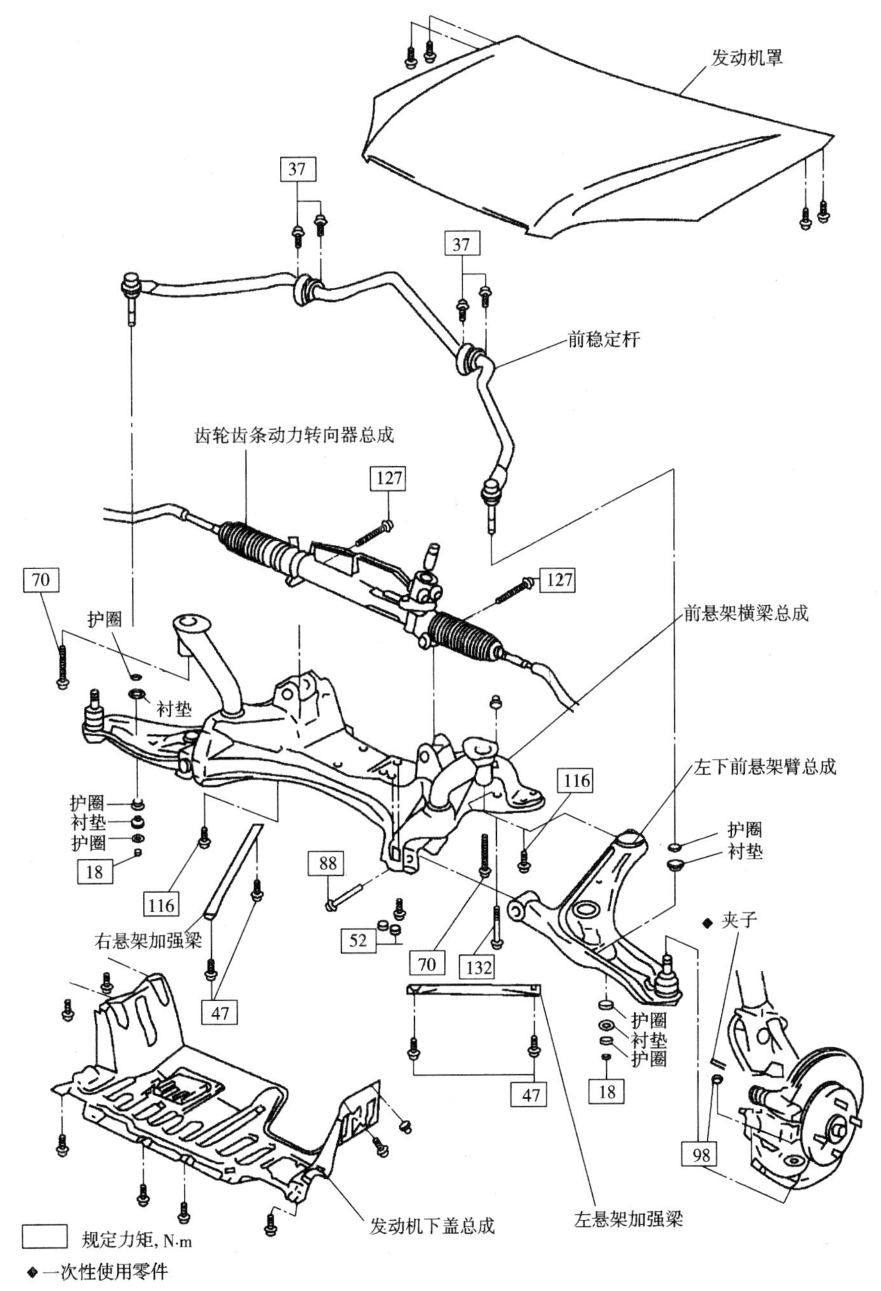

图1-3 丰田威驰轿车前桥和前悬架整体结构

(二)汽车行驶系各总成的检修方法

1 车架的维修

车架常见的损伤形式有变形、裂纹、腐蚀和连接松旷。

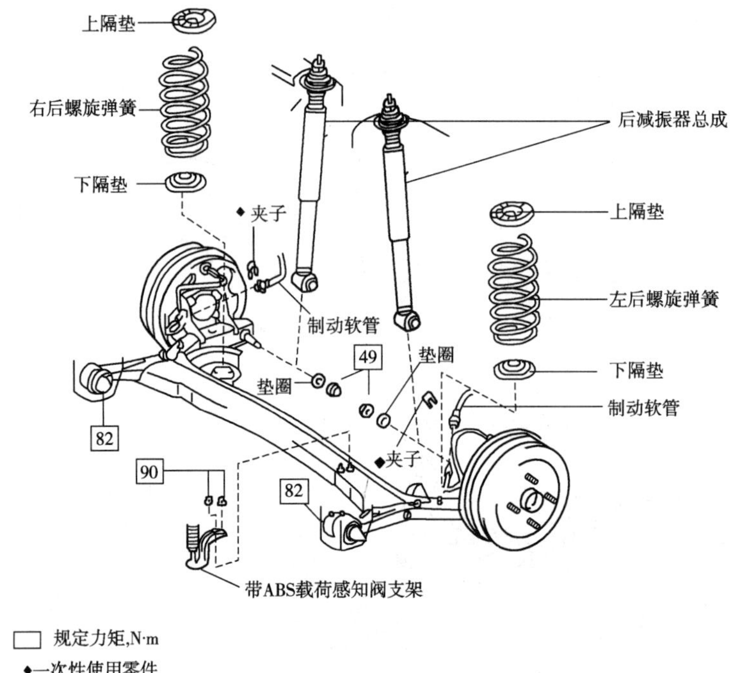

图 1-4　丰田威驰轿车后桥和后悬架整体结构

1)车架的变形

车架的变形通常是由于车辆受到撞击而产生的。承载式车身由于没有车架,车身壳体由薄板类构件焊装而成,直接承受各方向的作用力;而且与车架相比其刚性较低,因此,碰撞事故发生时,对整体变形的影响都比较大。碰撞冲击波作用于各构件,并在传递过程中被不断的吸收、衰减,最终会在各部位以变形体现。

2)车架的裂纹

车架由于受到交变载荷的影响,容易产生裂纹。此时可采用焊修法,焊修前应清洁、除锈,彻底清除接头两侧的旧漆层;在裂纹两端开坡口;选用碱性的低氢焊条。

3)车架腐蚀

车架腐蚀应涂上漆层,若腐蚀严重则应更换。

4)连接松旷

车架纵、横梁连接铆钉松动后,会影响车架的刚度和弹性。修理时应去掉松动的铆钉,重新铆铆钉。

2　车桥的维修

前桥用于支撑汽车前部的质量,承受路面传来的各种反力,尤其是行驶在不良路面上和高速行驶时,这些力构成的冲击载荷峰值会很高;前桥零部件不但数量多而且铰接配合多,因此零件的磨损、变形会引起前轮定位失准。众所周知,汽车的操纵稳定性主要是由前轮定位保证的,前轮定位失准及其他耗损必然引起前轮摆动、前轮跑偏、转向沉重以及转向盘振抖等故障,甚至发生“甩轮”,引发重大交通事故。汽车各级维护、修理竣工,前桥技术状况必须符合《机动车运行安全技术条件》(GB 7258—2004)。以下介绍前桥主要零部件常见的损伤形式及检修方法。

1)前轴的检修

前轴的损伤包括磨损、变形与裂纹。

(1)前轴的磨损。钢板弹簧座平面磨损大于2mm,定位孔磨损大于1mm,堆焊后加工修复。主销承孔与主销的配合间隙:轿车不大于0.10mm,载货汽车不大于0.20mm。磨损逾限后,可采用镶套法或修理尺寸法修复。主销承孔端面的磨损用堆焊加工修理。

(2)前轴的变形。前轴不但容易变形,而且几何形状复杂,变形后影响汽车的操纵稳定性。在检验、校正前轴变形时,应合理地选择检验、校正基准。

2)转向节的检修

转向节的重点检修内容是磨损与隐伤。

(1)磨损的检修。轴颈与轴承的配合间隙:轴颈直径不大于40mm时,配合间隙为0.040mm;轴颈直径大于40mm时,配合间隙为0.055mm。转向节轴颈磨损后用刷镀法修复。

(2)隐伤的检验。转向节的油封轴颈处,因其断面的急剧变化,应力集中,是一个典型的危险断面,容易产生疲劳裂纹,从而造成转向节轴疲劳断裂酿成重大的交通事故。因此,二级维护和修理时,必须对转向节进行隐伤检验,一旦发现疲劳裂纹就必须更换。

3)轮毂的检修

(1)轮毂轴承承孔磨损的检修。轮毂轴承承孔与轴承的配合过盈不得小于0.009mm,轴承孔磨损用刷镀或喷焊修理。

(2)轮毂变形的修理。轮毂变形会引起车轮的不平衡,加大制动鼓的全跳动误差,影响汽车的操纵性能和制动效能。轮毂变形后,以两轮毂轴承外座圈的锥面为基准,车削接合凸缘,凸缘的圆跳动公差为0.15mm。

4)轮辋的检修

(1)轮辋变形的检验。平式轮辋边缘20mm内的圆跳动公差为2.50mm,轿车深式轮辋中线上的圆跳动公差与边缘附近的圆跳动公差为2.00mm,变形超出极限后应更换。

(2)轮辋组件的平衡。轿车的轮毂、轮辋、制动鼓组件的动不平衡量不得大于400g·cm。车轮总成(包括轮胎)的动不平衡量应为800~1000g·cm。汽车大修或更换车轮总成中任一部件后均应重新进行动平衡检验,补外胎也必须重新进行总成动平衡检验。

3 悬架的检修

悬架技术状况变差,首先影响汽车的减振性,增加汽车的冲击载荷,加剧汽车零部件的损坏,也增加了运输中的货损货耗。更重要的是破坏了车轮正常的运动状态,造成汽车的操纵性能、制动性能变差,对交通安全构成潜在威胁。

1)悬架系统的耗损

(1)非独立悬架的耗损与维护。非独立悬架的耗损主要有钢板弹簧弹力衰退、断片和减振器失效。除增加汽车零件的冲击载荷,破坏汽车的减振性能之外,还会产生“前轮定位效应”,影响汽车的操纵性能、制动过程中方向的稳定性,加剧轮胎的磨损。

(2)独立悬架的耗损与维护。独立悬架的主要耗损是转向节及其支撑、定位杆系的铰销磨损过大;杆系变形、裂纹;弹簧弹力衰退、断裂;减振器失效;橡胶消声垫损坏;润滑不良等。会引起前轮摆动,车轮反向垂直跳动,汽车舒适性变差,转弯时车身倾斜严重,噪声过大等故障。

2)非独立悬架的检修

非独立悬架的主要损伤是弹簧的断裂、弹力减弱及磨损;减振器的油液渗漏或失效。

用直观检视法,弹簧如有裂纹、折断等应予更换。减振器在使用过程中如出现油液渗漏、阀门关闭不严或不能开启等使减振效能降低或失效,应进行检修或更换。

3)独立悬架的检修

检修独立悬架时,应检查各零件有无裂纹、变形和损坏,减振器是否有失效和漏油,螺旋弹簧弹力是否符合要求和有无裂纹等。如发现损坏,应予以更换。

4 车轮总成的检修

1)轮胎的换位

轮胎换位方法常用的有交叉换位法和单边换位法。

四轮两桥汽车,斜交线轮胎可采用交叉换位法[图1-5a)]。子午线轮胎宜用单边换位法[图1-5b)]。子午线轮胎的旋转方向应始终不变。若反向旋转,会因钢丝帘线反向变形产生振动,汽车平顺性变差。所以一些轿车使用手册推荐用单边换位法。

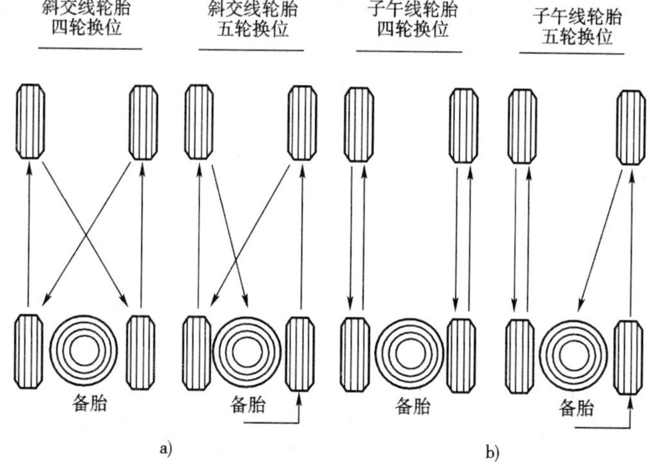

图1-5 轮胎换位

a)交叉换位;b)单边换位

2)轮胎的检修方法

(1)检查胎面花纹深度。测量时应使用深度尺,花纹磨损残留小于极限尺寸时,应停止使用,如图1-6所示。

(2)车轮总成的平衡。车轮总成不平衡也会引起底盘总成零部件损伤,使转向节上的磨损增加、减振器和其他悬架元件的变形等。

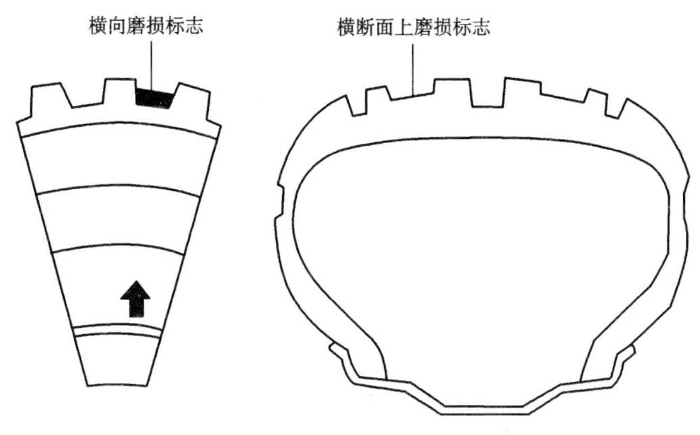

图1-6 轮胎磨损标志

(三)汽车行驶系常见故障的诊断

行驶系的常见故障主要包括行驶平顺性不良、车身横向倾斜、轮胎异常磨损和行驶跑偏。

1 行驶平顺性不良

1)故障现象

汽车行驶时出现振动,加速时出现蹿动,驾乘人员感觉很不舒服。

2)故障原因

造成行驶平顺性不良的原因有发动机和底盘两方面,其中底盘方面的主要原因有:

(1)前稳定杆卡座松旷或橡胶支撑损坏。

(2)车轮不平衡。

(3)减振器或缓冲块失效。

(4)传动轴动不平衡。

(5)钢板弹簧支架衬套磨损松旷。

(6)车轮轴承松旷或转向横拉杆球头松旷。

(7)钢板弹簧U形螺栓“滑牙”(螺纹损坏)或松动。

(8)发动机横梁和下摆臂的固定螺栓或衬套松旷。

(9)半轴内外万向节磨损松旷。

(10)轮胎气压过高,磨损不均。

3)诊断与排除

不同车型的诊断方法是不一样的,汽车行驶平顺性故障特性有:加速时蹿动或振动和等速振动。不同的故障弹性诊断方法也是不一样的。

(1)检查发动机,其工作正常,进一步检查底盘部分;如果不正常,先排除发动机故障。

(2)如果是汽车行驶等速振动,检查轮胎气压,气压不正常,应按规定充气。

(3)若气压正常,检查车轮轴承是否松旷,不正常时应予更换。

(4)若车轮轴承正常,检查减振器或缓冲块是否失效。失效时应予更换。

(5)若减振器或缓冲块正常,检查钢板弹簧支架衬套磨损是否松旷,不正常时,应予更换。

(6)钢板弹簧支架衬套正常,检查车轮平衡,应予以校正。

(7)如果是汽车行驶加速时蹿动或振动,检查前稳定杆卡座是否松旷或橡胶支撑是否损坏,若松动或损坏,应予更换。

(8)如果前稳定杆卡座或橡胶支撑正常,检查钢板弹簧U形螺栓是否滑牙或松动;发动机横梁和下摆臂的固定螺栓或衬套是否松旷;半轴内外万向节是否磨损松旷等,应予紧固或更换。

2 车身横向倾斜

1)故障现象

汽车车身左高右低或左低右高,出现倾斜。

2)故障主要原因

造成车身横向倾斜的主要原因是:

(1)左右轮胎气压不一致。

(2)左右轮胎规格不一致。

(3)悬架弹簧自由长度或刚度不一致。

(4)下摆臂变形。

(5)发动机横梁和下摆臂的固定螺栓或衬套松旷。

(6)减振器或缓冲块损坏。

(7)发动机横梁变形。

(8)车身变形。

3)诊断与排除

(1)检查左、右两前轮轮胎气压和规格是否一致,若不一致,应按规定充气或者更换。

(2)检查左右两边的弹簧自由长度或刚度,不一致时,应予更换。

(3)检查下摆臂和其他杆件,若变形,应予以校正或更换。

(4)检查发动机横梁和下摆臂的固定螺栓或衬套,若松旷,应予修理或更换。

(5)检查减振器或缓冲块,若损坏,应予更换。

(6)检查发动机横梁,若变形,应予校正或更换。

(7)检查车身,若变形,应予整形修理。

3 轮胎异常磨损

1)故障现象

轮胎磨损速度加快,胎面出现如图1-7所示的不正常磨损形状。

2)故障主要原因及处理方法

造成轮胎异常磨损的主要原因是:

(1)轮胎气压不符合要求,轮胎质量不佳或车轮螺栓松动。

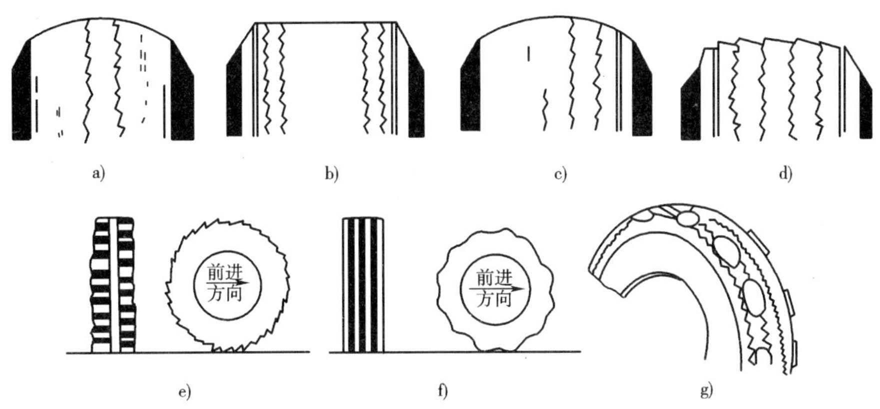

图1-7　前轮轮胎不正常磨损示意图
a)胎肩磨损;b)正中磨损;c)外侧磨损;d)羽片状磨损;e)锯齿状磨损;f)波浪状磨损;g)胎肩蝶片状磨损

(2)轮胎长期未换位或汽车经常行驶在拱度较大的路面上。

(3)车轮定位不正确或车轮不平衡。

(4)纵横拉杆、轮毂轴承松旷或转向节与主销松旷。

(5)钢板弹簧U形螺栓松旷或钢板弹簧衬套与销松旷。

(6)前轮制动复位慢或制动拖滞。

(7)转向梯形杆系不能保证各车轮纯滚动,出现过度转向。

(8)前轴与车架纵向中心线不垂直或车架两边的轴距不等。

(9)前梁或车架变形。

(10)经常超载、偏载、起步过急、高速转弯或制动过猛。

3)诊断与排除

应根据轮胎磨损的不同情况确定故障原因和排除方法:

(1)胎肩磨损是由于轮胎气压不足或汽车长期超载造成的,应按规定充气,更换轮胎或紧固车轮螺栓。

(2)中间磨损是由于轮胎气压过高引起的,应按规定充气。

(3)内(外)侧偏磨损是由于车轮外倾角过大(小)造成的,应校正车轮定位。

(4)两侧呈锯齿状磨损,是由于轮胎换位不及时或汽车经常紧急制动或长期超载造成的,应及时进行轮胎换位(一般每行驶10 000km应进行一次换位,并进行动平衡校正),并且告知驾驶员纠正不良驾驶习惯。

(5)由外(里)侧向里(外)侧呈锯齿状磨损是由于前束过大(小)造成的,应校正前轮定位。

(6)胎冠呈波浪状或碟片状磨损是由于轮毂轴承松旷或车轮动不平衡造成的,应更换或校正车轮定位。

4　行驶跑偏

1)故障现象

汽车直线行驶时,转向盘不居中间位置;必须紧握转向盘,偏置一定角度后,汽车才能保持直线行驶,若稍放松转向盘,汽车会自动向一侧跑偏。

2)故障原因

造成汽车行驶跑偏的根本原因是汽车车轮的相对位置不正确,两侧车轮受到的阻力不一致。具体原因是:

(1)左、右前轮气压不相等或轮胎直径不等。

(2)车辆左、右两弹簧弹力不等或单边松动、断裂。

(3)两前轮轮毂轴承的松紧度不等。

(4)前桥(整轴式)弯曲变形或下控制臂(独立悬架式)安装位置不一致。

(5)车架变形或左右轮距相差太大。

(6)两前轮的定位角不正确。

(7)车辆一边车轮制动拖滞。

(8)转向系原因。

3)诊断与排除

(1)将汽车停放在平坦的地面上,查看汽车前部高度是否一致,若高度不一致,说明悬架弹簧折断或弹力不一致,应更换。

(2)检查左、右两前轮轮胎气压是否一致,若不一致,应按规定充气,使两前轮轮胎气压保持一致。

(3)检查左、右两前轮轮胎的磨损程度,若磨损程度不一致,应更换磨损严重的轮胎。

(4)检查左、右两前轮轮胎的花纹是否一致,若花纹不一致,应更换轮胎,使花纹一致。

(5)用手触摸跑偏一侧的车轮制动鼓和轮毂轴承部位,感觉温度情况。若车轮制动鼓特别热,说明该轮制动器间隙过小或制动复位不彻底,应检查调整。若轮毂特别热,说明该轮轴承过紧,应重新调整轴承预紧度。

(6)用前轮定位仪检查前轮定位是否正确,若不正确,应调整。

(7)测量前后桥左右两端中心的距离是否相等,若不相等,说明轴距短的一侧钢板弹簧错位,车轴或半轴套管弯曲等,应检查维修。

二、任 务 实 施

项目1　转向盘抖振、行驶振动剧烈、乘坐性能不良,检修前桥和前悬架

1　项目说明

前桥要承受路面传来的各种反力,尤其是在不良路面上行驶和高速行驶时,这些力构成的冲击载荷峰值会很大;前桥零部件不但数量多而且铰接配合多,零件的磨损、变形会引起前轮定位失准。悬架技术状况变差会加剧汽车零部件的损坏,更重要的是会破坏车轮正常的运动状态,造成汽车的操纵性能、制动性能变差,对交通安全构成潜在威胁。因此,应按技术标准对前桥和前悬架进行检测,并制订修复方案。

2 技术标准与检测要求

1)技术标准

齿轮齿条动力转向器总成拧紧力矩:127N·m;

稳定杆的4个螺栓拧紧力矩:37N·m;

减振器中央螺母拧紧力矩:33N·m;

自动软管,拧紧力矩:29N·m;

前轮螺栓的拧紧力矩:103N·m。

2)检测要求

每个学员独立完成此项目。

3 设备器材

丰田威驰轿车一辆,拆装工具一套,维修手册。

4 作业准备

(1)准备作业单;

(2)清洁工具;

(3)检查千斤顶;

(4)维修手册。

5 操作步骤

1)拆卸

(1)拆下前轮。

(2)拆下前制动卡钳总成和前制动盘。

①检查轮毂轴承间隙。在接近前桥轮毂中心使用百分表检查轴承间隙(图1-8),最大间隙为0.05mm,如果间隙超过最大,更换前轮毂轴承。

②检查前轮毂偏摆。用百分表在轮毂螺栓外,检查轮毂偏摆(图1-9),最大间隙为0.07mm,如果间隙超过最大,更换前桥轮毂总成。

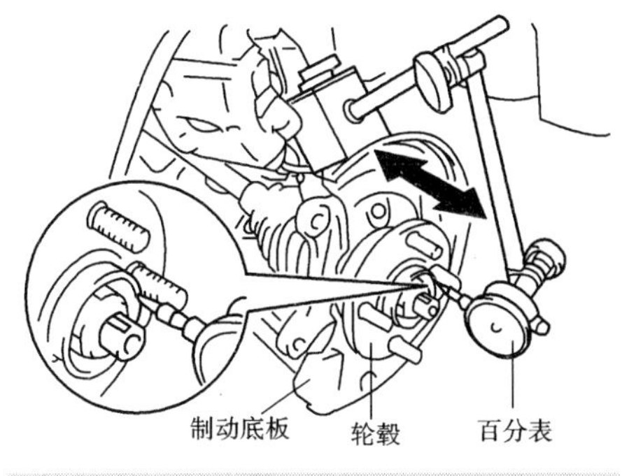

图1-8 检查轮毂轴承轴向间隙

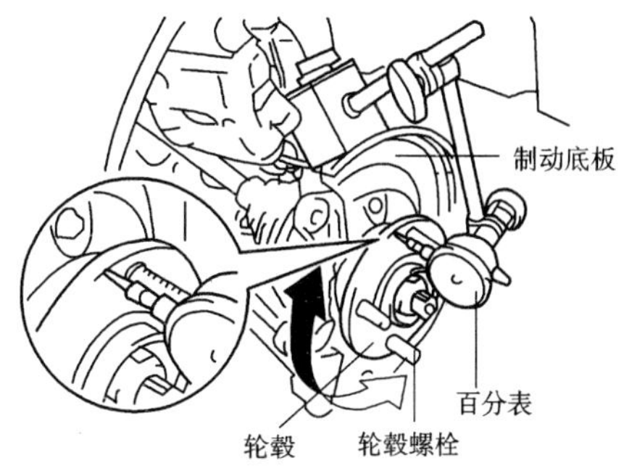

图1-9 检查轮毂偏摆

(3)拆解前减振器。

①拆下制动软管,从减振器支架(带 ABS 车型)上拆下螺栓、制动软管和 ABS 车速传感器线束夹箍,如图 1-10 所示。

②拆下带螺旋弹簧的前减振器。

a. 拆卸两个螺母和螺栓后,将减振器从转向节上拆下,如图 1-11 所示。

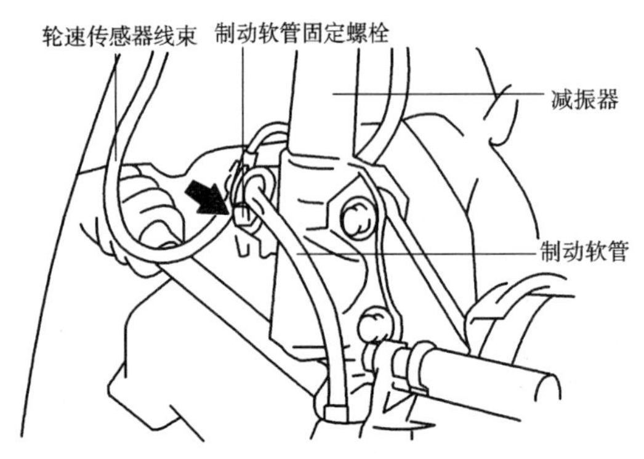

图 1-10　拆卸制动软管

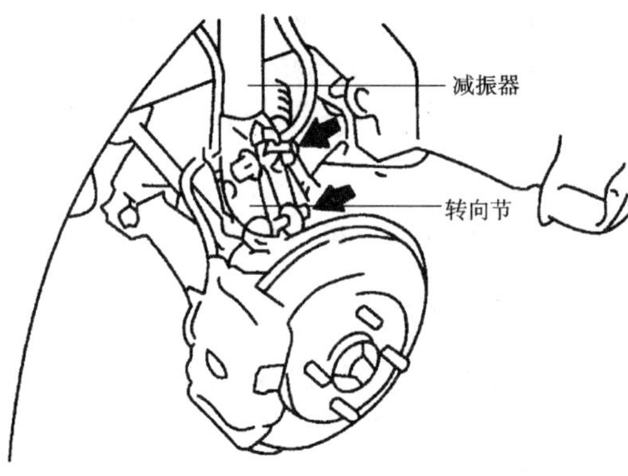

图 1-11　拆卸转向节

b. 拆下带螺旋弹簧的前减振器,拆下安装悬架支架的 3 个螺栓,如图 1-12 所示。

③固定带螺旋弹簧的前减振器。

a. 在减振器下侧的支架上安装两个螺母和 1 个螺栓,并将其固定在台钳上。

b. 用专用工具压紧螺旋弹簧,如图 1-13 所示。注意:不能用冲击扳手,否则会损伤专用工具。

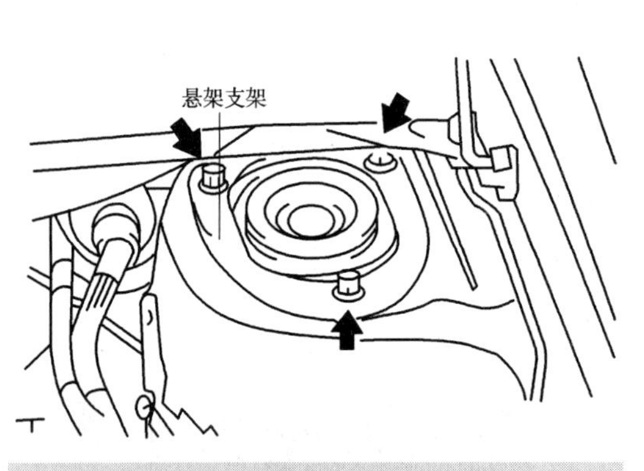

图 1-12　拆卸悬架上支架螺栓

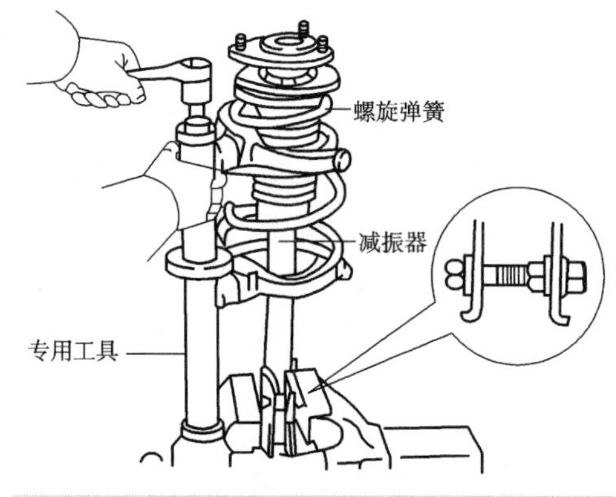

图 1-13　用专用工具压紧螺旋弹簧

④拆下左侧前悬架支架防尘盖。

⑤拆卸左前减振器螺母后,拆下前支架。用两个螺母和一把螺丝刀或相似物把持,然后拆下中央螺母,如图 1-14 所示。注意:不要损伤悬架支架双头螺栓。

⑥拆下左前悬架支架总成和左前悬架支架防尘罩油封。

⑦拆卸左上前螺旋弹簧座和左上前螺旋弹簧垫。

⑧拆卸左前螺旋弹簧。

⑨拆卸左前弹簧缓冲和左前减振器总成垫。

⑩检查减振器总成。

将减振器直立，并把下端连接环夹于台钳上，用力拉压减振杆数次，此时应有稳定的阻力，往上拉的阻力应大于向下压时的阻力，如图1-15所示。如果在操作过程中有不正常响声、阻力不稳定或无阻力等，则说明该减振器已损坏，应该更换。

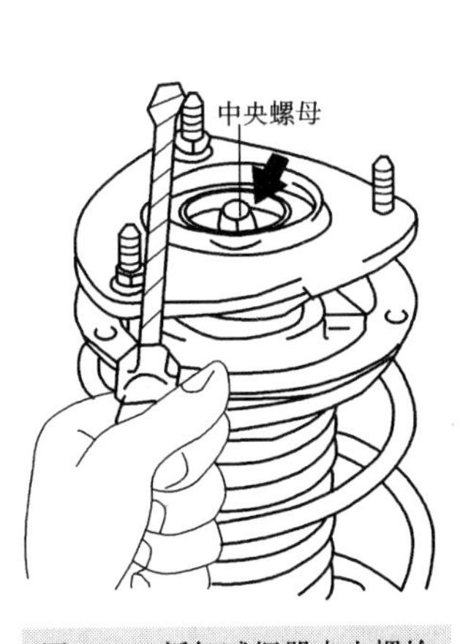

图1-14　拆卸减振器中央螺栓

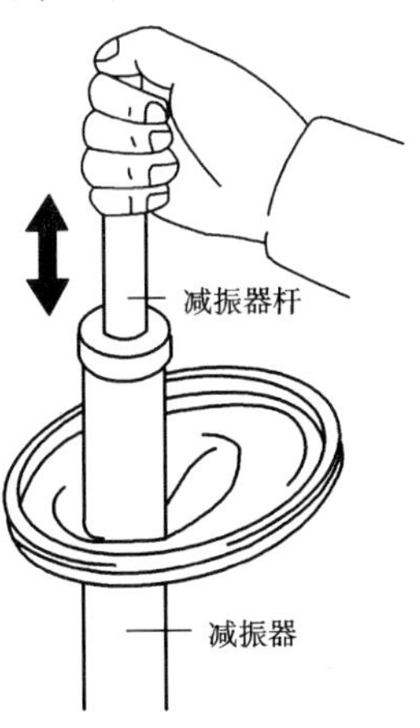

图1-15　检查减振器总成

(4)拆下发动机盖板总成。

(5)拆下发动机总成，吊起发动机总成。

(6)拆下两个螺栓和左前悬吊加强梁。

(7)拆下两个螺栓和右前加强梁。

(8)拆解左下前悬架臂总成。

①拆下夹子和螺母。

②从转向节上拆下悬架臂，如图1-16所示。

(9)拆解前稳定杆：

①固定稳定杆螺栓时，拆下螺母、3个护圈和两个衬垫(左侧)，如图1-17所示。

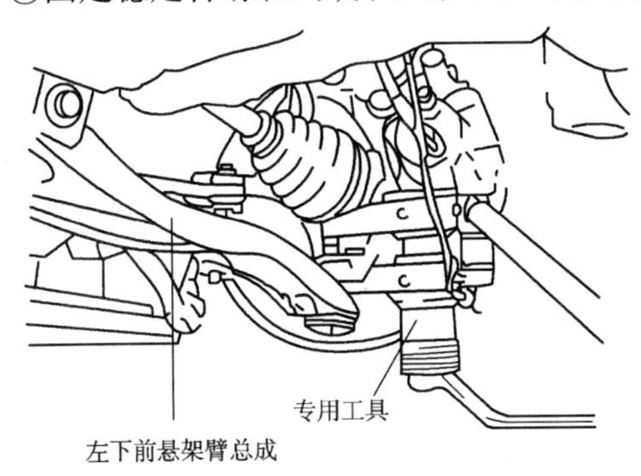

图1-16　拆下悬架臂

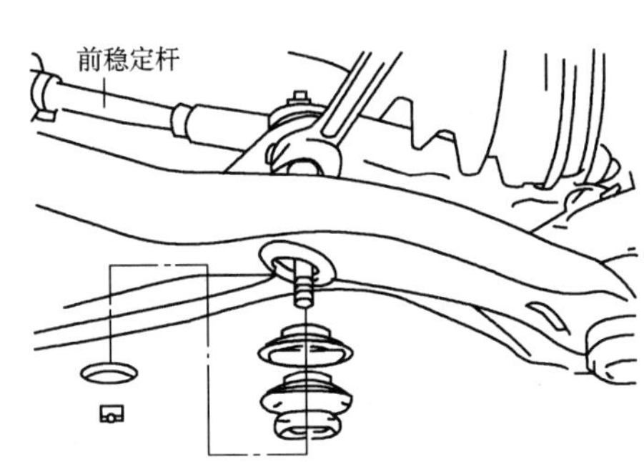

图1-17　拆解前稳定杆

②照上述方法在另外一侧进行相同操作。

③拆下4个螺栓后拆下的稳定杆，如图1-18所示。

(10)分解动力转向器总成,拆下两个螺栓,分解齿轮齿条动力转向器总成,如图 1-19 所示。注意:应吊起齿轮齿条动力转向器总成。

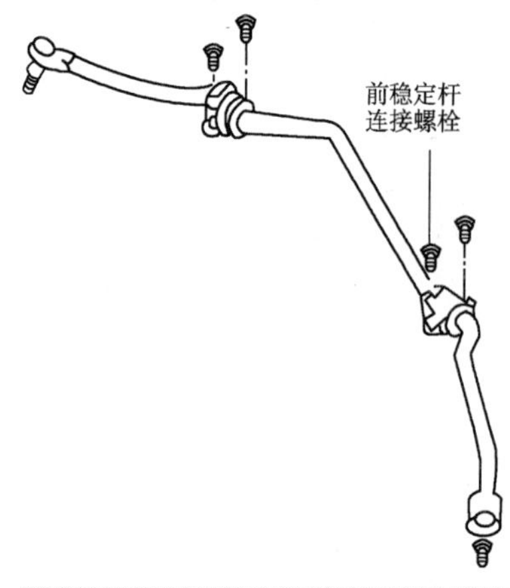

图 1-18　前稳定杆

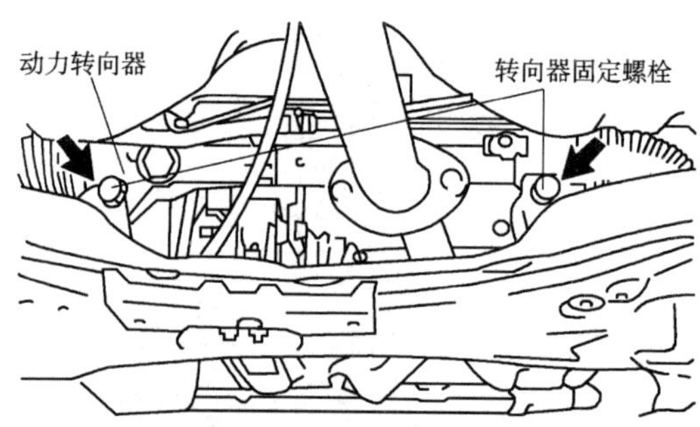

图 1-19　分解转向器总成

(11)拆解前悬架横梁总成。

①拆下螺栓和两个螺母,如图 1-20 所示。

②用千斤顶顶起前悬架横梁总成。

③拆下 4 个螺栓,分解前悬架总成,如图 1-21 所示。

图 1-20　拆卸前悬架固定螺栓

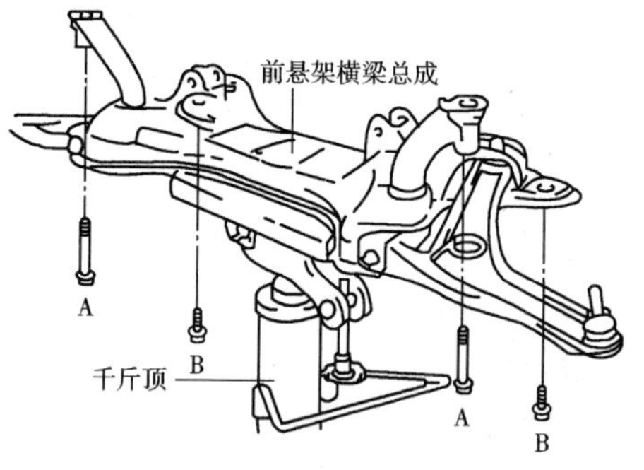

图 1-21　分解前悬架横梁总成

(12)拆卸左下前悬架臂总成。拆下两个螺栓和螺母,拆下左下前悬架臂总成,如图 1-22所示。注意:不要转动螺母。

2)检查左下前悬架臂分总成

(1)如图 1-23 所示,在安装螺母前,前后摇动球节双头螺栓 5 次。

(2)用扭力扳手以 2 ~4s 转一圈的转速连续转动螺母,在第五圈时记下拧紧力矩读数。拧紧力矩为 0.78 ~3.43N · m。

3)安装

(1)临时拧紧左下前悬架分总成。用两个螺栓和螺母,暂时紧固左下前悬架总成。

(2)连接前悬架横梁总成:

①用 4 个螺栓安装前悬梁横架总成(参见图 1-21)。螺栓 A 的拧紧力矩为 70N · m;螺

栓 B 的拧紧力矩为 116N·m。

②安装固定前悬架横梁总成的螺栓和两个螺母(参见图 1-20),拧紧力矩为 52N·m。

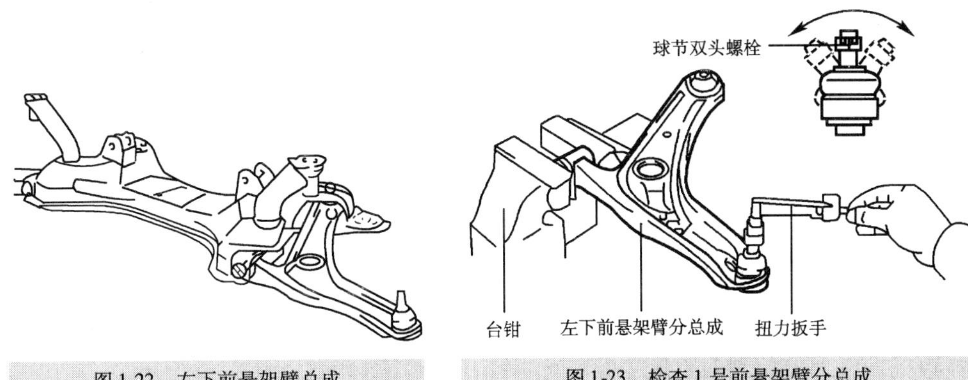

图 1-22 左下前悬架臂总成

图 1-23 检查 1 号前悬架臂分总成

(3)安装齿轮总成,用齿条转向器总成,用两个螺栓,安装齿轮齿条动力转向器总成(参见图 1-19)拧紧力矩为 127N·m。

(4)安装稳定杆:

①用 4 个螺栓安装稳定杆(参见图 1-18),拧紧力矩为 37N·m。

②在固定稳定杆螺栓时,安装螺母、3 个护圈和两个衬垫(参见图 1-17),拧紧力矩为 18N·m。

注意:用千斤顶顶起下臂。

③照上述同样的方法在另一侧进行相同操作。

(5)安装左下前悬总成:

①用螺母将下悬架臂安装到转向节上,拧紧力矩为 98N·m。

②安装一个新的夹子,注意:如果夹子的孔没有对准,应进一步紧固螺母(转 60°)。

(6)安装左前悬架的加强梁,用两个螺栓安装左前悬架加强梁,拧紧力矩为 47N·m。

(7)安装右前悬架的加强梁。用两个螺栓安装右前悬架加强梁。

(8)稳定前悬架。

(9)充分紧固左下前悬架臂总成。用两个螺栓紧固定悬架臂,如图 1-24 所示,螺栓 A 的拧紧力矩为 88N·m;螺栓 B 的拧紧力矩为 132N·m。

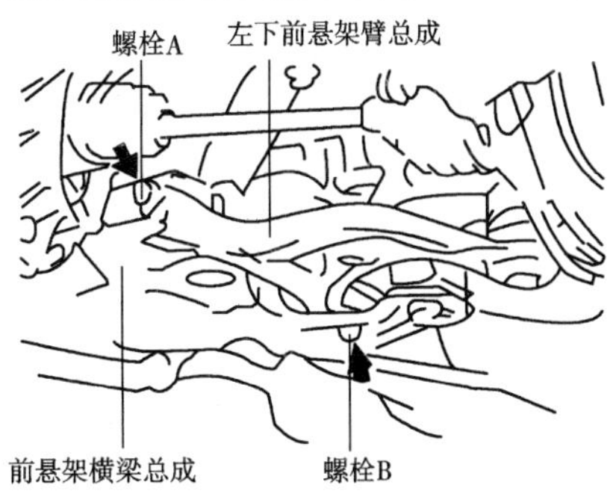

图 1-24 紧固左下前悬架臂总成

注意:不要转动螺母。

(10)安装前减振器总成和前弹簧缓冲垫。

(11)安装前螺旋弹簧。

①用专用工具,压紧螺旋弹簧如图 1-25 所示。

注意:不能用冲击扳手,它会损坏专用工具。

②把螺旋弹簧装入减振器。

注意:把螺旋弹簧下端紧固到弹簧下支座缺口内;安装上部隔垫,带有“▲”记号的朝向车辆外侧;安装弹簧上支座,带有“OUT”记号的朝向车辆外侧,如图 1-26 所示。

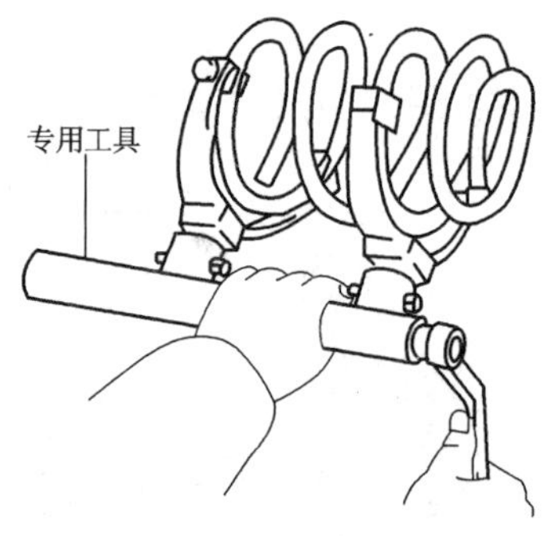

图 1-25　压紧前螺旋弹簧

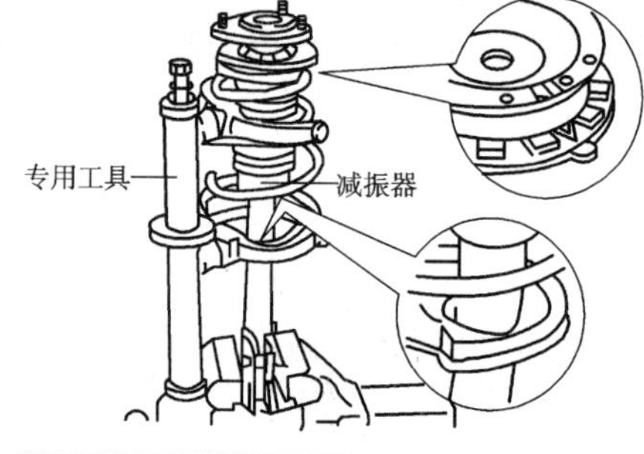

图 1-26　螺旋弹簧装入减振器

(12)安装前悬架支架防尘油封和前悬架支架总成。

(13)把前支架安装到前减振器螺母上。

①用两个螺母和 1 把螺丝刀夹持,安装新的中央螺母(图 1-14),拧紧力矩为 33N · m。

注意:不要损坏悬架支架双头螺栓。

②拆卸专用工具。

③在悬架支架上涂上多用途润滑脂。

(14)安装悬架支架防尘盖。

(15)安装带螺旋弹簧的前减振器。

①安装总成支撑。

②用 3 个螺母安装带螺母弹簧的前减振器。

③把减振器安装到转向节上。

④用发动机机油涂抹两个螺母的螺纹。

⑤安装两个螺栓和螺母,拧紧力矩为 132N · m。

(16)安装自动软管,拧紧力矩为 29N · m。

(17)安装前轮,拧紧力矩为 103N · m。

(18)安装发动机下盖板总成和发动机罩。

(19)检查并调整前轮定位。

6　记录与分析(表 1-1)

检修前桥和前悬架作业记录单　　表 1-1

姓名		班级		学号		组别	
车型		发动机编号		作业单号		作业日期	
检查范围				检查结果			
检查前轮毂轴承间隙							
检查前轮毂偏摆							
检查减振器有无异常阻力或不正常响声							
检查减振器是否漏油							

续上表

检查推杆是否有弯曲变形、生锈或断裂	
检查螺旋弹簧是否断裂及弹性	
检查连接杆是否有弯曲变形、生锈或断裂	
处理意见	
制订修理方法	

项目2　汽车行驶稳定性变差，高速时突然甩尾，检修车轮总成

1　项目说明

合理使用车轮是延长其使用寿命的根本途径。只有合理使用车轮，才能防止轮胎的异常磨损，减少致命损伤，从而提高轮胎的行驶里程，因此，要定期对车轮总成进行检修。

通过本项目的实施，掌握车轮总成的检修方法。

2　技术标准与要求

(1)每个学员独立完成此项目。

(2)技术标准。

轮胎花纹沟槽深度：不小于1mm；

车轮不平衡质量：小于5g；

车轮螺栓的拧紧力矩：103N·m。

3　设备器材

(1)车轮；

(2)平衡块；

(3)轮胎平衡仪。

4　作业准备

(1)检修轮胎的常用工具；

(2)维修手册。

5　操作步骤

1)轮毂轴承预紧度的检查和调整

(1)检查。

举起车辆至车轮离地，用双手转动车轮，应转动自如，再用双手晃动车轮，应轴向推动无间隙。

(2)调整：

①用千斤顶支起车轮，拆下后轮毂盖，如图1-27所示。

②取下开口销及开槽垫圈。

③旋转螺母，同时转动轮毂，用一字螺丝刀在手指的压力下刚好能够拨动止推垫圈即可，如图1-28所示。

④装回开槽垫圈，换上新的开口销，装上轮毂盖。

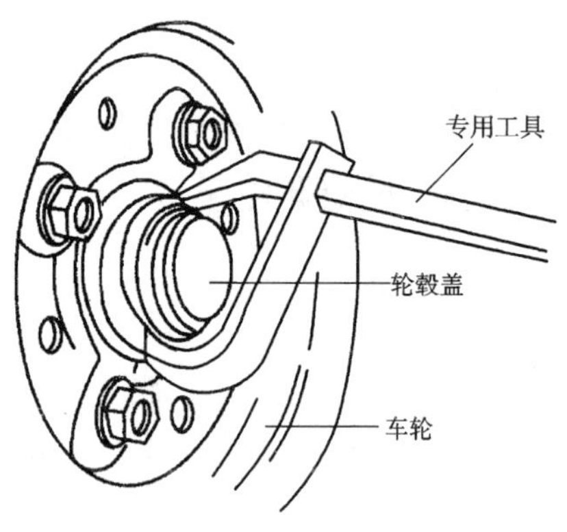

图1-27　拆卸后轮毂盖

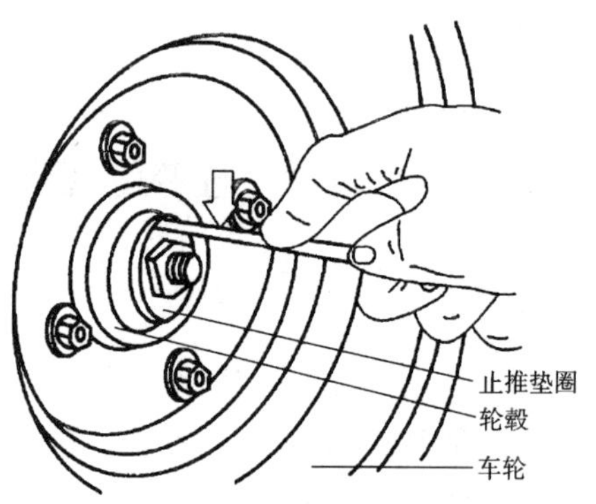

图1-28　轮毂轴承预紧度的调整

2)检查轮胎

(1)车轮及轮胎外观检查：

①检查轮胎胎面和胎壁是否有裂纹、割痕或其他损坏。

②检查轮胎的胎面和胎壁是否嵌入任何金属微粒、石子或其他异物(图1-29)。

③检查轮辋和轮辐(图1-30)是否损坏、腐蚀和变形，平衡块是否脱落。

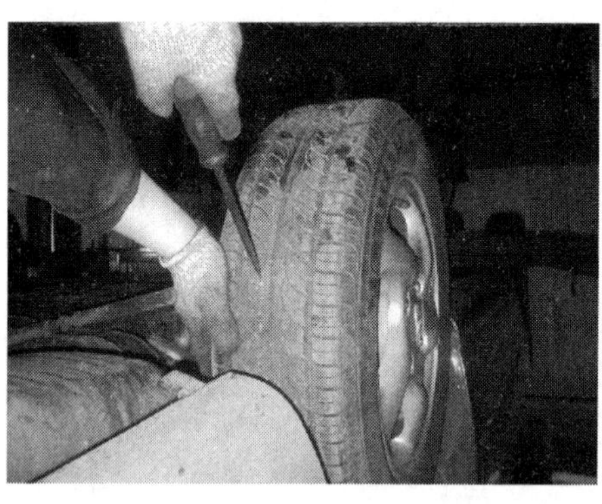

图1-29　轮胎嵌入异物检查

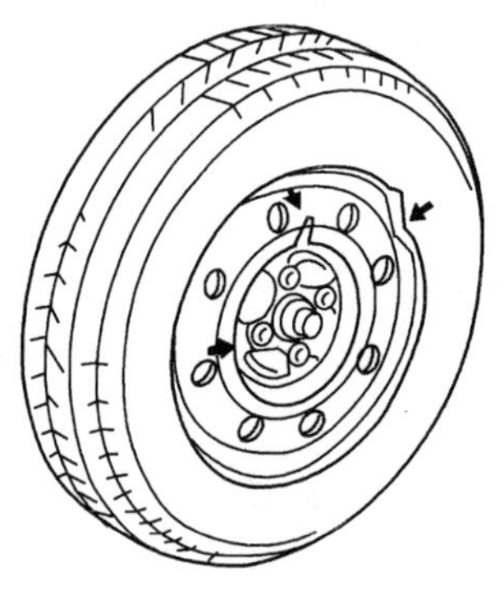

图1-30　轮辋和轮辐检查

(2)检查车轮轴承摆动及转动状况和噪声。

(3)轮胎磨损检查(图1-31)：

①用胎纹规或游标卡尺检查所有轮胎的胎纹深度。

②检查轮胎整个外圈是否有不均匀磨损和阶段磨损。

(4)轮胎胎压及气密性检查:

①检查轮胎气压,如图1-32所示。

②检查气压后,通过在气门嘴周围涂肥皂水检查是否漏气。

图1-31　轮胎磨损检查

图1-32　轮胎胎压检查

3)轮胎换位

按时给轮胎正确换位可使轮胎磨损均匀,可延长20%左右的使用寿命。轮胎换位应结合车辆的二级维护定期进行。丰田威驰轿车采用子午线轮胎,子午线轮胎宜用单边换位法。

4)检测车轮动平衡

使用车轮动平衡机检测车轮动不平衡,并加装平衡块以校准。下面以SBD—96型轮胎平衡仪介绍车轮动平衡操作步骤。

SBD—96型轮胎平衡仪由电脑显示器与控制装置等构成,具有自动诊断和自动调校功能,能将传感器送来的电信号通过电脑运算、分析、判断后显示出不平衡量及其位置。为使显示的不平衡量恰是轮辋边缘所加平衡块的质量,还必须测量轮毂的直径 d、轮辋宽度 b 和轮辋边缘至平衡机机箱的距离 a,然后通过键盘或旋钮将其输入电脑,a、b、d 的尺寸如图1-33所示。

操作步骤如下:

(1)清除被测车轮上的泥土、石子和旧平衡块。

(2)检查轮胎气压,必须符合原厂的规定。

(3)根据轮辋中心孔的大小选择好锥体,如图1-34所示装好车轮,拧紧螺母。

(4)打开电源开关,检查显示与控制装置的面板显示是否正确;根据轮辋结构选择相适应的轮辋,轮辋结构选择如图1-35所示。

(5)用游标卡尺测量轮辋宽度 b,轮辋直径 d,用平衡机上的标尺测量轮辋边缘至机箱距离 a,再通过键入或选择器旋钮对准测量值的方法将 a、b、d 值输入到显示与控制装置中。

(6)放下车轮防护罩,按下启动键,车轮旋转平衡测试便开始,数据会自动采集。

(7)车轮自动停转或听到"嘀"声时按下停止键,并操作制动装置使车轮停转后从显示装置里读取车轮内外侧不平衡质量和不平衡位置。

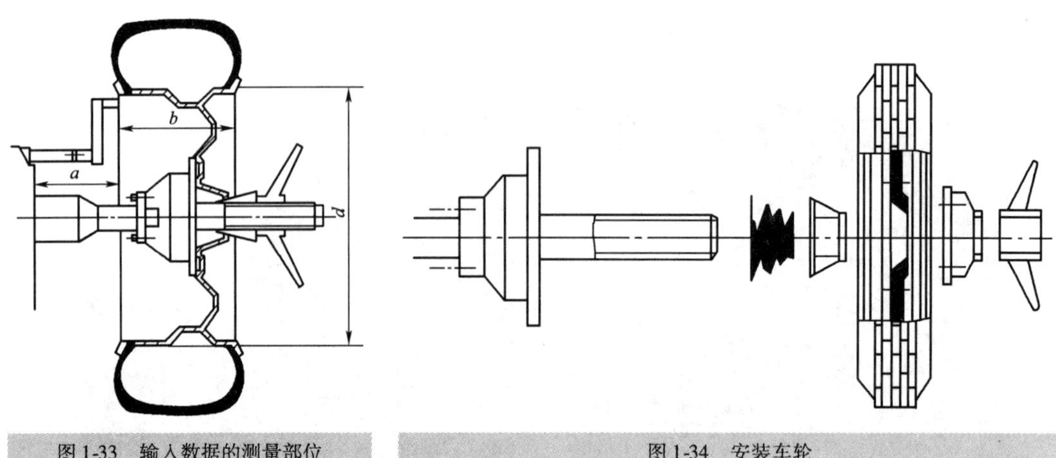

图1-33　输入数据的测量部位

图1-34　安装车轮

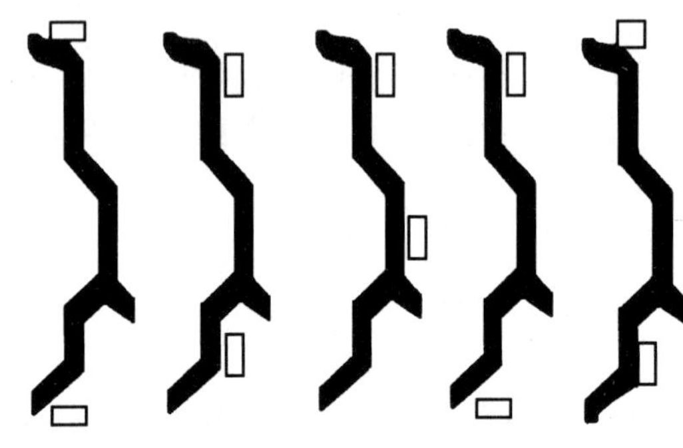

图1-35　轮辋结构选择

(8)抬起车轮防护罩,用手慢慢转动车轮,当显示装置发出指示(音响、指示灯亮、制动显示点或显示检测数据等)时停止转动。在轮辋的内侧或外侧的上部应加装指示装置显示该侧的平衡块质量。内、外侧要分别进行,平衡块装夹要牢固。

(9)安装平衡块后有可能会产生新的不平衡,应重新进行平衡试验,直至不平衡质量小于5g,指示装置显示"OO"或"OK"时为止。

(10)测试结束,关闭电源开关。

注意:

①操作时一定要注意保护"匹配器"及轴部。

②装卸车轮时,一定要轻拿轻放,安装要可靠、牢固,安装不正会引起严重的不平衡。

③每次重新开启电源进行操作时,切记要重新输入直径、宽度和与机箱的距离值。

④本测试中所有测量的数值均以英寸为单位。

⑤仪器连接好电源后,一定注意搭铁线,并且应接触良好。

5)安装车轮

(1)套上车轮,将螺母初步拧在螺柱上。

(2)放下车轮并在车轮前后用三角木掩住,用扭力扳手或车轮螺母拆装机,按对角线顺序分2~3次拧紧车轮螺母,最后一次要按规定力矩拧紧。

6　记录与分析(表1-2)

检修车轮总成作业记录单　　表1-2

姓名		班级		学号		组别	
车型		发动机编号		作业单号		作业日期	
检查范围				检查结果			
测量轮胎沟槽深度							
检查轮胎是否有裂纹、割痕或不正常的磨损							
检查轮胎是否嵌入金属微粒、石子或其他异物							
检查轮胎气压							
检查轮胎的气密性							
检查轮辋和轮辐是否损坏、腐蚀和变形							
检查车轮轴承摆动及转动状况和噪声							
检查轮胎是否平衡							
是否需要轮胎换位							
处理意见							
制订修理方法							

项目3　汽车后部下沉,且有异响,检修后桥和后悬架

1　项目说明

由于后桥要承受路面传来的各种反力,尤其是行驶在不良路面上和高速行驶时,这些力构成的冲击载荷峰值会很大,后悬架技术状况变差会加剧汽车零部件的损坏,因此应按技术标准对后桥和后悬架进行检测,并制订修复方法。

2　技术标准与要求

(1)每个学员独立完成此项目。

(2)技术标准。

轮毂螺栓拧紧力矩:63N · m;

活塞推杆较下螺母高出15～18mm;

轮毂和轴承总成螺栓拧紧力矩:63N · m。

3　设备器材

威驰轿车一辆,常用工具一套。

4 作业准备

(1)清洁工具;
(2)维修手册。

5 操作步骤

1)拆卸
(1)拆卸后轮。
(2)拆卸后桥轮毂和轴承总成。
①拆下后轮制动鼓总成,检查后轮毂轴承间隙和后轮毂偏摆,检查方法和前轮相同。
②拆下轮速传感器线束(有 ABS 车型)。
③拆下轮毂和轴承总成。
(3)拆卸后减振器总成。
①用千斤顶顶起车辆后桥,如图 1-36 所示。
②在夹住活塞推杆时,拆卸减振器上下两个螺母。
③拆下垫圈和上悬架支架。
④拆卸螺母、垫圈和减振器总成。
⑤拆下减振器上罩。
注意:此时需要检查减振器总成,检修方法和前减振器相同。
2)安装
(1)安装减振器总成。
①安装减振器上罩。
②把减振器、上悬架支架和垫圈装上车身。
③夹紧活塞推杆后,安装下螺母,以使活塞推杆较下螺母高 15 ~ 18mm,如图 1-37 所示。

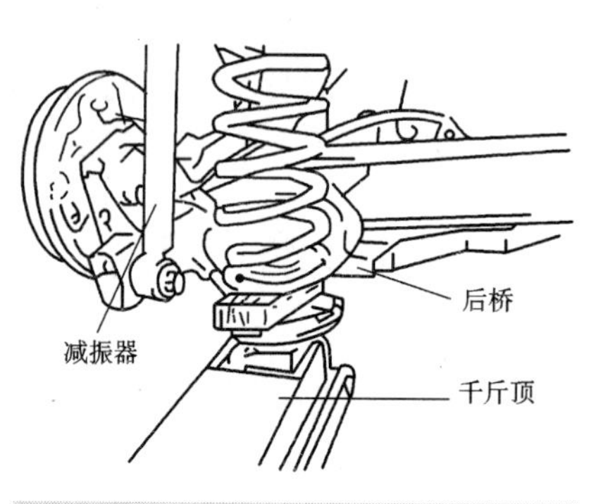

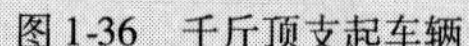
图 1-36 千斤顶支起车辆

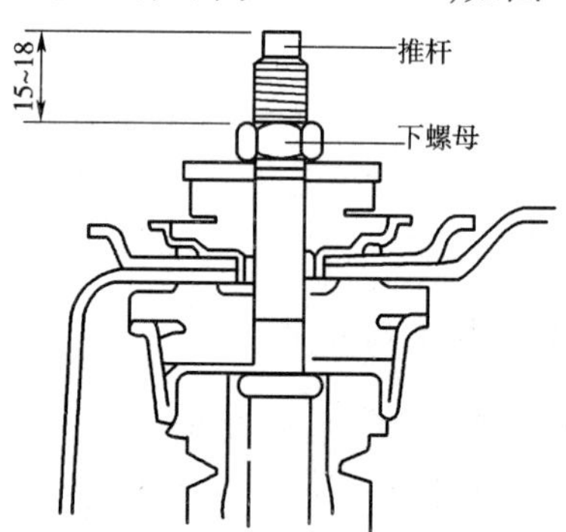

图 1-37 安装活塞推杆下螺母

④对照下螺母,安装上螺母并紧固,拧紧力矩为 25N · m。
⑤在顶起千斤顶时,用垫圈和螺母把减振器安装至后桥车架上。
(2)安装后桥轮毂和轴承总成。
①用 4 个螺栓安装右侧轮毂和轴承总成,拧紧力矩为 63N · m。

②连接打滑控制传感器电线(有 ABS 车型)。连接时不要扭曲传感器电线。

③检查轴承间隙。

④检查车桥轮鼓径向圆跳动量。

⑤安装后轮制动鼓总成。

⑥安装后轮。

⑦检查 ABS 车速传感器信号(有 ABS 车型)。

(3)安装后轮总成。

(4)检查后轮定位。

6 记录与分析(表 1-3)

检修后桥和后悬架作业记录单　　表 1-3

<table>
<tr><td>姓名</td><td></td><td>班级</td><td></td><td>学号</td><td></td><td>组别</td><td></td></tr>
<tr><td>车型</td><td></td><td>发动机编号</td><td></td><td>作业单号</td><td></td><td>作业日期</td><td></td></tr>
<tr><td colspan="4">检查范围</td><td colspan="4">检查结果</td></tr>
<tr><td colspan="4">检查后减振支柱</td><td colspan="4"></td></tr>
<tr><td colspan="4">检查后减振器</td><td colspan="4"></td></tr>
<tr><td colspan="4">检查螺旋弹簧是否断裂及弹性</td><td colspan="4"></td></tr>
<tr><td colspan="4">检查后轮毂轴承间隙</td><td colspan="4"></td></tr>
<tr><td colspan="4">检查后轮毂偏摆</td><td colspan="4"></td></tr>
<tr><td colspan="4">检查连接杆是否有弯曲变形、生锈或断裂</td><td colspan="4"></td></tr>
<tr><td colspan="2">处理意见</td><td colspan="6"></td></tr>
<tr><td colspan="2">制订修理方法</td><td colspan="6"></td></tr>
</table>

项目4　汽车行驶跑偏,检测调整车轮定位

1 项目说明

车轮定位是保证汽车操纵稳定性的关键,还影响轮胎的耗损和制动过程中汽车方向的稳定性。车桥、悬架、车架乃至转向系的故障都会影响车轮定位的准确性,造成汽车操纵性能变差,转向比较沉重。因此,车轮定位的检查与调整是汽车总装后的一项极为重要的作业。汽车二级维护时必须检查调整车轮定位。

通过本项目的实施,掌握车轮定位的检测和调整方法。

2 技术标准与要求

(1)每个学生独立完成此项目。
(2)技术标准。
车型:丰田威驰;
主销后倾角:2.7° ±0.75°;
主销内倾角:0.79° ±0.75°(手动转向);1.76° ±0.75°(动力转向);
前轮外倾角: -0.5° ±0.75°;
前轮前束:0 ±2mm;
后轮外倾角: -0.93° ±0.75°;
后轮前束:3.0 ±3.0mm。

3 设备器材

(1)丰田威驰轿车;
(2)四轮定位仪;
(3)常用工具;
(4)调整前束、车轮外倾角和主销后倾角的专用工具各1件。

4 作业准备

(1)准备车辆维修手册;
(2)清洁工具、量具;
(3)准备作业单。

5 操作步骤

1)在定位作业前检查下列元件及参数
(1)整备质量。
(2)轮胎。
(3)悬架高度。
(4)转向盘游隙。
(5)减振器或滑柱。
(6)车轮轴承调整。
(7)球头销铰接状况。
(8)摆臂及衬套。
(9)转向传动装置及转向横拉杆接头。
(10)横向稳定杆及衬套。
(11)汽油箱是否满。
2)下述检查应在停车时进行
(1)检查粘到底盘上的泥是否过多。去掉整备质量之外的行李舱及客舱内的大件物件。对于车轮定位过程中需要使用的工具,如工具箱或机械用具则应该留在车内。

(2)将轮胎充气至规定值并注意检查每只轮胎上是否有异常磨损或损坏的现象。注意所有轮胎尺寸要相同。

(3)检查前轮是否有较大的径向圆跳动量。

(4)检查悬架高度,如果不在规定值内,检查弹簧是否下陷或破损。在有扭力杆的悬架中,检查扭杆并调节。

(5)当前轮处在中央位置时,来回转动转向盘以检查转向盘自由行程。

(6)检查减振器或滑柱,衬套或螺栓是否有松动,并查看减振器或撑杆是否出现渗漏。

(7)对每只减振器或滑柱进行晃动检查。

3)车辆被抬升后的检查

(1)检查前轮轴承是否有水平移动,对于前轮驱动的车辆,应检查所有车轮轴承。车轮轴承必须在车轮定位以前调整好并视情况进行清洁、重新装配或其他调整。

(2)测量球铰轴向、径向移动量,如果任何方向出现过大的位移,就需要更换球铰。注意:在检查球铰时悬架必须支撑妥当。

(3)检查摆臂是否有损坏,以及摆臂衬套是否有磨损。

(4)检查所有转向传动装置以及转向横拉杆接头,看是否有松动。

(5)检查横向稳定杆固定铰链及衬套是否有磨损。

(6)检查转向器固定螺栓是否松动,安装托架和衬套是否有磨损。

4)四轮定位参数检查

(1)检查前轮是否正确地放置在转角盘上,后轮是否正确地放置在侧滑板上。

(2)接上四轮定位仪的电源,开机运行。

(3)按照计算机提示,选择检测车辆的型号和制造年份。

(4)根据计算机屏幕的显示,目视检查所列各项目。

(5)正确安装快速卡具,如图1-38所示。

(6)正确安装传感器,并调至水平位置,如图1-38所示。

图1-38　安装快速卡具

技术提示:后轮举升机滑板一定要用销子固定,否则影响定位准确测量。

(7)固定转向盘,举升起车辆,进行轮胎偏位补偿。

技术提示:举升起车辆,使车轮离地,依次对四个车轮进行偏位补偿。用一只手扶住传感器不动,另一只手按汽车行驶方向转动车轮90°,并使传感器处于水平位置。然后按下传感器上补偿按钮,直至指示灯亮或听到提示音。然后继续以相同的方法转动车轮90°,使传感器处于水平位置,按下传感器上补偿按钮,直至指示灯亮或听到提示音。依照这种方法操作,直至车轮旋转一周。

依次对四个车轮进行轮胎偏位补偿。补偿结束后严禁转动车轮。

(8)降落举升机至车轮完全落地,按压车辆前后部,检查汽车悬架和滑板是否有异常。

技术提示:在落车前应将前轮转角盘和后轮滑板上的固定销取下,并将转角盘推至最内侧。

(9)安装制动踏板固定架。

(10)取下转向盘固定装置,按照屏幕提示向左、向右转动转向盘规定角度,最后回到直行位置。

(11)再次固定转向盘。

(12)电脑屏幕上会显示前、后轮各定位参数值,并显示参数是否超出规定值。

(13)根据显示参数值,按要求对需要调整的参数值进行调整。

技术提示:丰田花冠车型后桥为扭力梁式,后轮各定位参数均无法调整。前轮的车轮外倾角和前束可调,其他定位参数也无法调整。

调整完成整理设备和工具,并清洁场地卫生。

5)车轮定位的调整

(1)车轮定位检查调整顺序。

车轮定位的检查和调整顺序是:后轮外倾角──→后轮前束──→主销内倾角和主销后倾角──→前轮外倾角──→前轮前束。

(2)后轮外倾角和后轮前束的调整。

丰田威驰汽车后轮外倾角和后轮前束均不能调节,如果它们的值不在规定范围内,在前轮外倾角正确调整后应检查悬架零件是否损坏或者磨损。

(3)主销内倾角、主销后倾角、前轮外倾角和前轮前束的调整。

①主销内倾角和主销后倾角的调整。

主销内倾角和主销后倾角不能调节,如果后轮外倾角值不在规定范围内应检查悬架零件是否损坏或者磨损,必要时予以更换。如果后轮前束值不在规定范围内,检查悬架零件并在必要时予以更换。

②前轮外倾角的调整。

图1-39　前轮外倾角的调整部位

a. 拆下前轮。

b. 拆下减振器下侧的两个螺母(图1-39)。如果重复使用螺栓或螺母,应在螺母螺纹上涂发动机润滑油。

c. 清洁减振器和转向节的安装表面。

d. 临时装上两个螺母,此螺母根据调整值的大小和维修手册规定选用的定位螺栓或者调整螺栓(图1-40)。

e. 沿外倾角调整需要的方向上推或下拉减振器下侧调整外倾角(图1-41)。

技术提示:尽量将外倾角调整至标准要求的中间数值。

f. 拧紧螺母,拧紧力矩:132N·m。

g. 安装前轮,拧紧力矩:103N·m。

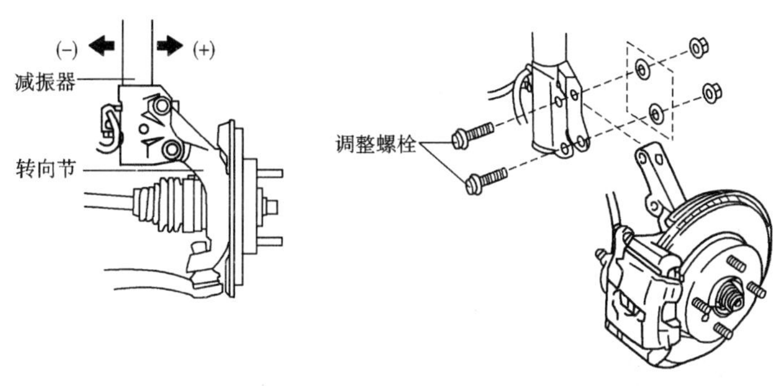

图1-40　调整前轮外倾角

h. 重新检查外倾角。

③前轮前束的调整。前轮前束通过改变横拉杆长度来进行调整。具体调整步骤：

a. 拆下齿条防尘套安装夹子。

b. 松开横拉杆端锁止螺母(图1-41)。

c. 把左右侧齿条端转动相同数量圈数来调整前束(图1-41)。

技术提示：将前束调整至规定要求的中间数值，且确保左、右齿条端长度相同。

d. 紧固横拉杆端锁止螺母。

e. 在座上装入防尘套后装上夹子，确保防尘套不被扭曲。

图1-41　调整前轮前束

6　记录与分析(表1-4)

车轮定位作业记录单　　表1-4

姓名		班级		学号		组别	
车型		发动机编号		作业单号		作业日期	
检查范围				标准值		检查结果	
主销后倾角							
主销内倾角							
前轮外倾角							
前轮前束							
后轮外倾角							
后轮前束							
处理意见							

三、学习评价

1 理论考核

1)分析题

(1)简述悬架的组成及作用。

(2)简述试分析车轮定位各参数对车辆行驶的影响。

(3)悬架具有哪些类型和功能?

(4)独立悬架有何特点?

2)判断题

(1)左右两轮轮胎型号不一致可能导致汽车跑偏。 ( )

(2)汽车左右轴距不相等可能导致汽车跑偏。 ( )

(3)两侧轮胎的气压或型号不一致,不会使汽车在行驶中跑偏。 ( )

(4)两侧轮胎磨损不一致,不会使汽车在行驶中跑偏。 ( )

(5)两侧车轮的定位不一致会使汽车在行驶中跑偏。 ( )

3)选择题

(1)车轮前束是为了调整( )所带来的影响。

A. 主销后倾角　　B. 主销内倾角

C. 车轮外倾角　　D. 车轮内倾角

(2)前轮定位中,依靠调节横拉杆长度来调节的是( )。

A. 主销后倾　　B. 主销内倾

C. 前轮外倾　　D. 前轮前束

(3)能减轻汽车轮毂轴承锁紧螺母的负荷而提高前轮工作安全性的是( )。

A. 前轮内倾　　B. 前轮外倾

C. 前轮前束　　D. 主销外倾

(4)汽车高速行驶时感到方向不稳、摆振的原因是( )。

A. 前束过大　　B. 车轮外倾角过大

C. 主销后倾角过大　　D. 轮胎动不平衡

(5)以下不是汽车高速行驶时感到方向不稳、摆振的原因是( )。

A. 传动轴弯曲　　B. 车轮外倾角过大

C. 轮胎动不平衡　　D. 车架变形

2 技能考核

项目1的评分表见表1-5。

前桥和前悬架的拆检评分表　　表1-5

基本信息	姓名		学号		班级		组别	
	规定时间		完成时间		考核日期		总评成绩	
任务工单	序号	步骤			完成情况		标准分	评分
					完成	未完成		
	1	准备工具和量具					5	
	2	正确使用工具、仪器					10	
	3	拆卸前悬架总成					10	
	4	检查左下臂前悬架总成					10	
	5	安装前悬架总成					10	
	6	操作规范					10	
	7	确定修复方法					10	
	8	清洁及整理					5	
安全							5	
5S							5	
沟通表达							5	
工单填写							5	
工艺制订							10	

项目2的评分表见表1-6。

检修减振器评分表　　表1-6

基本信息	姓名		学号		班级		组别	
	规定时间		完成时间		考核日期		总评成绩	
任务工单	序号	步骤			完成情况		标准分	评分
					完成	未完成		
	1	准备工具和量具					5	
	2	正确使用工具、仪器					10	
	3	拆卸前减振器总成					10	
	4	检查前减振器总成					10	
	5	安装前减振器总成					10	
	6	操作规范					10	
	7	确定修复方法					10	
	8	清洁及整理					5	
安全							5	
5S							5	
沟通表达							5	
工单填写							5	
工艺制订							10	

项目3的评分表见表1-7。

后桥和后悬架的拆检评分表 表1-7

基本信息	姓名		学号		班级		组别	
	规定时间		完成时间		考核日期		总评成绩	
任务工单	序号	步骤			完成情况		标准分	评分
					完成	未完成		
	1	准备工具和量具					5	
	2	正确使用工具、仪器					10	
	3	拆卸左右后减振器总成					10	
	4	检查安装减振器总成					10	
	5	后桥轮毂和轴承总成的拆装					10	
	6	操作规范					10	
	7	确定修复方法					10	
	8	清洁及整理					5	
安全							5	
5S							5	
沟通表达							5	
工单填写							5	
工艺制订							10	

项目4的评分表见表1-8。

检修车轮和轮胎评分表 表1-8

基本信息	姓名		学号		班级		组别	
	规定时间		完成时间		考核日期		总评成绩	
任务工单	序号	步骤			完成情况		标准分	评分
					完成	未完成		
	1	准备工具和量具					5	
	2	正确使用工具、仪器					10	
	3	拆装车轮					10	
	4	轮胎动平衡					10	
	5	轮胎换位					10	
	6	确定修复方法					10	
	7	清洁及整理					5	
安全							5	
5S							5	
沟通表达							5	
工单填写							5	
工艺制订							10	

学习任务2　检测诊断与排除转向系故障

工作情境描述

某丰田4S店接到一辆丰田卡罗拉1.8GLX-i轿车，该车故障表现为转向不灵敏，直线行驶不稳，要较大幅度转动转向盘才能控制汽车的行驶方向，且转向沉重，需用较大的力才能使车轮偏转。

请通过检测转向系统，判断转向系统技术状况；若需要修复，请制订修复方法和工艺流程。

学习目标

通过本任务的学习，应能：

1. 对转向系统主要项目进行检测；
2. 按技术要求对转向系统主要元件进行检查、检修；
3. 对动力转向系统进行车上检查；
4. 讲述转向系中零部件耗损后对转向的影响；
5. 制订维修计划；
6. 对转向系统常见故障进行诊断排除。

学习时间

20学时。

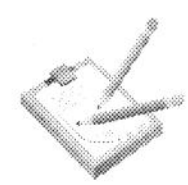

学习引导

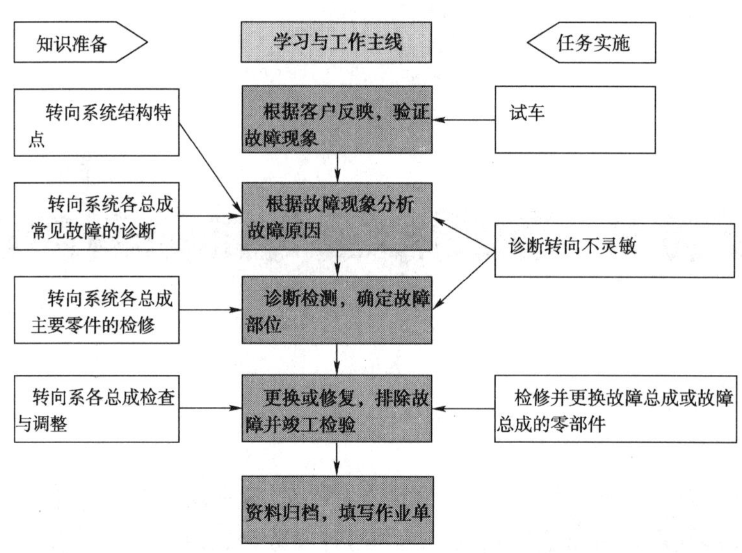

一、知 识 准 备

（一）丰田卡罗拉轿车转向装置的结构特点

丰田卡罗拉轿车采用齿轮齿条式电动助力转向装置（如图 2-1 所示），输出形式为两端输出主要由齿轮齿条转向器、转向盘、转向轴、转矩传感器、电动机、电子控制单元（ECU）等组成。当转向轴转动时，转矩传感器把两段转向轴在扭杆作用下产生的相对转角转变成电信号传给 ECU，ECU 根据车速传感器和转矩传感器的信号确定电动机的旋转方向和助力电流的大小，并将指令传递给电动机，通过离合器和减速机构将辅助动力施加到转向系统（转

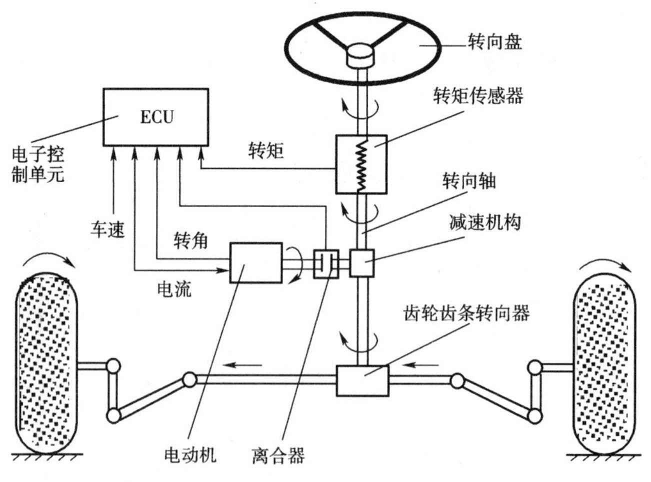

图 2-1　丰田卡罗拉轿车电动助力转向装置

向轴）中，从而完成实时控制的助力转向。卡罗拉轿车电动助力转向装置具备转向复位控制、变压器增压控制、系统过热保护控制、自诊断等功能。

卡罗拉轿车电动助力转向装置的特点：

（1）效率高、能量消耗少。不转向时不消耗功率，与液压转向系统相比燃油消耗少3%～5%。

（2）系统内部采用刚性连接，反应灵敏，滞后小，驾驶员的"路感"好，工作噪声小。

（3）结构简单，质量小。

（4）系统便于集成，整体尺寸减小；省去了油泵和辅助管路，布置更加方便。

（5）无液压元件，对环境污染少。

（二）汽车转向系的检修方法

1　转向系检测项目的检测

（1）转向盘与转向柱转向器之间距离的调整。

①驾驶员可以通过操纵倾斜杆来调整转向盘的倾斜角度，以适应自己的身材和偏好。如图2-2所示。

②驾驶员可以通过操纵伸缩调整杆来调整转向盘的前后位置适应自己的驾驶姿态，如图2-3所示。

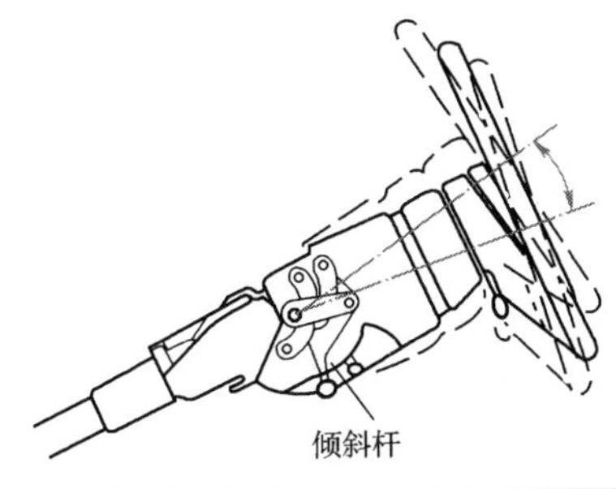

图2-2　调整转向盘的倾斜角度

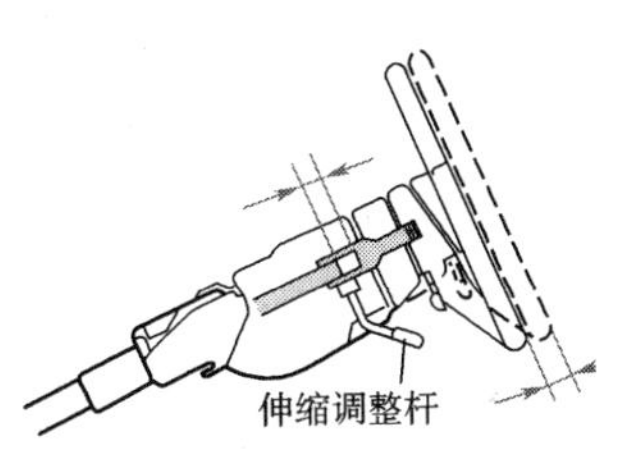

图2-3　调整转向盘的前后位置

③对于电动倾斜和电动伸缩式转向柱可以操纵开关按钮进行调整，如图2-4所示。

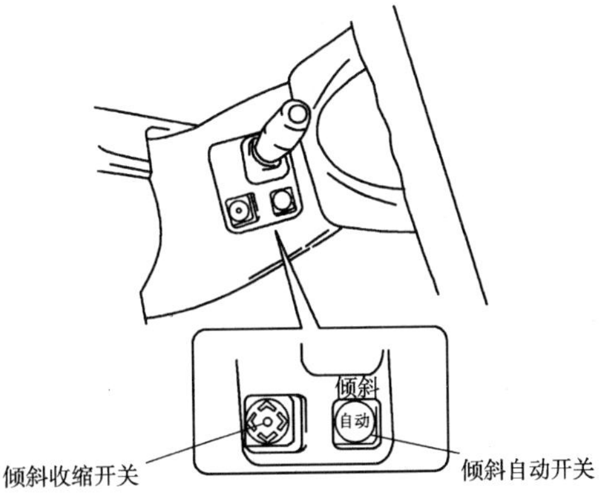

图2-4　电动式调整

（2）检查横拉杆球头销接头总成，如图2-5所示。

①使转向盘从直行位置向左、向右反复转动60°左右，此时检查横拉杆、转向节臂等是否松脱、松旷。

②检查槽形螺母是否松脱，如松脱应拧紧。同时，检查开口销的装配情况，如图2-6所示。

③检查转向节臂和左、右转向横拉杆相

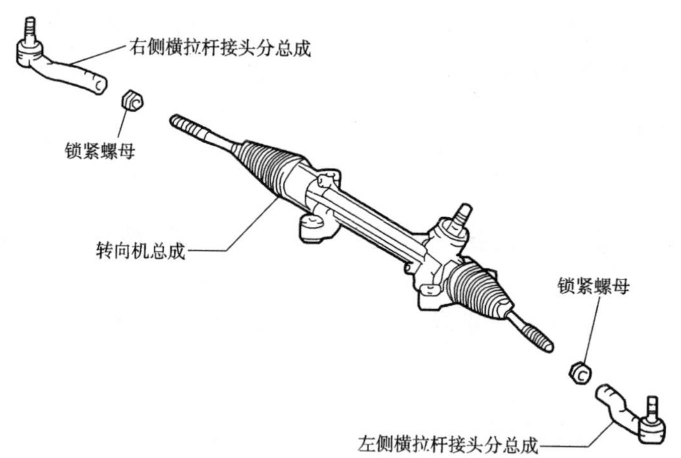

图 2-5　横拉杆球头示意图

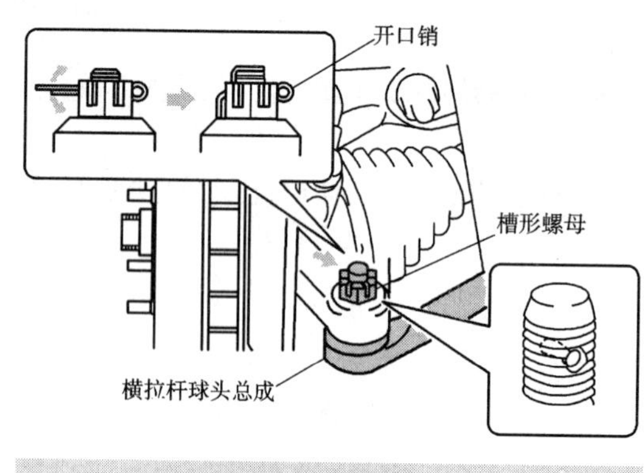

图 2-6　槽形螺母装配

连接处的磨损和装配状况。

④用磁力探伤法对转向横拉杆和球头销进行检查,如有裂纹,应更换。

⑤用百分表或直尺检查横拉杆的直线度误差,若直线度误差大于 2mm,应进行校正。

⑥当横拉杆球头销座孔的上缘磨损,其厚度小于 2.0mm 时,应堆焊后车削修理或更换;球头销的球头及颈部小直径处磨损超过 0.8mm 或球头座起槽等,应成套更换。

⑦球头螺栓螺纹损伤、横拉杆两端螺纹损伤、橡胶防尘罩老化破裂等,均应更换。

2　转向系主要元件的检修

1)液压动力转向器的检查

(1)用检视法或渗透法检查,转向器壳体有无裂纹;检查其他部位有无油液泄漏处,若有漏油,检查并更换油封。

(2)检查防尘罩是否损坏与老化,若发现有损坏,更换新件;更换全部 O 形圈及密封垫。

(3)排出润滑油和助力转向油,检查润滑油和助力转向油脏污情况。

(4)转动转向齿轮及齿条,应运动灵活,无卡滞现象;使用厚薄规检查齿轮齿条间隙应符合要求;如无法修复时,应更换转向器总成。

(5)转向齿轮和齿条应采用磁性探伤法进行检查,若有裂纹,更换新的总成。

(6)检查齿条背面是否磨损或损坏,如不符合标准应予以更换。

(7)检查齿条的摆差,把齿条放到 V 形架上,转动齿条,使用百分表测量摆差,如图 2-7 所示。

(8)检查轴承是否松旷,两轴承是否同轴。

2)丰田威驰轿车液压动力转向油泵的检修

(1)动力转向油泵所有金属元件的清洗只能使用酒精。

(2)检查泵壳是否有磨损、裂纹、铸造砂眼和损坏,发现其中任何一种损坏,都应更换泵壳。

(3)检查泵轴花键是否磨损,泵轴、泵轴轴套、轴承是否有裂纹和其他损坏,更换所有过度磨损和损坏的零件。

检查叶轮泵轴与前壳体衬套间的油隙,其计算方法为油隙 = 衬套内径 - 泵轴外径。使用螺旋测微器测量泵轴外径,使用游标卡尺,测量衬套内径,如图 2-8 所示。

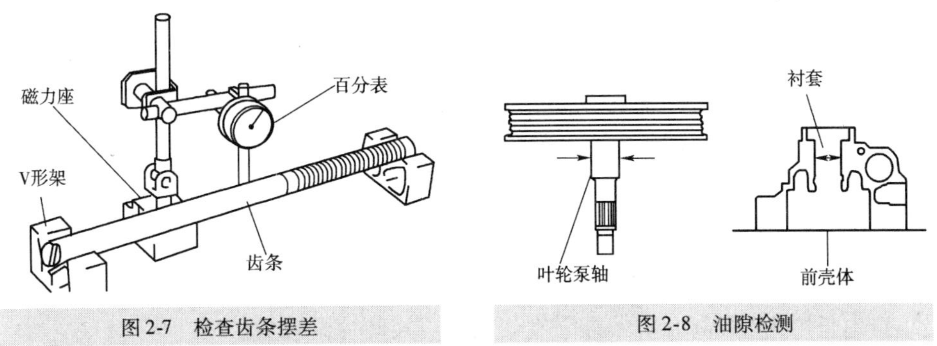

图 2-7　检查齿条摆差

图 2-8　油隙检测

(4)检查压力软管和控制阀塞子,若损坏则应更换;检查端盖卡环,若损坏,则应更换。若卡环发生扭曲或变形,不能再用,必须更换。若不能肯定卡环好坏,则也应予以更换。

(5)检查流量控制阀。

①如图 2-9 所示,用转向动力油涂抹流量控制阀,检查在其自身重力作用下是否可以平顺滑入阀孔。若有卡住现象,应检查控制阀的泵壳、泵体孔是否存在杂质、刮痕和毛刺。毛刺可用细砂布去掉,若阀或泵壳、泵体有损坏而不能修复,则应对损坏件进行更换。

②检查流量控制阀是否泄漏。堵住其中一个孔,向相对的另一个孔中吹入压缩空气(压力 392 ~490kPa),观察末端是否有空气漏出,如图 2-10 所示。

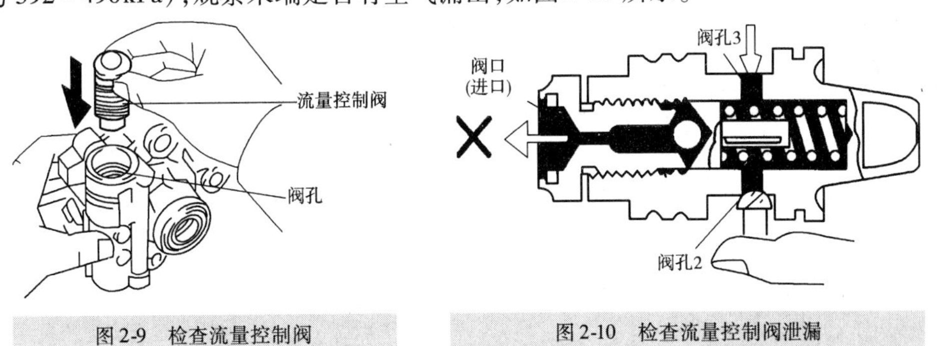

图 2-9　检查流量控制阀

图 2-10　检查流量控制阀泄漏

发现流量控制阀有泄漏现象时,可对流量控制阀进行分解并彻底清洗,用压缩空气吹干重新组装后再进行密封性检查。如果流量控制阀再次测试时仍然有空气泄漏,则说明该阀密封不严,应更换转向油泵总成。

(6)检查叶轮泵和转子。

①检查所有转子叶片在转子槽中是否运动自如。测量叶片与转子的槽侧隙,最大间隙值应为 0.003mm,超过该极限时,应更换叶轮泵总成,如图 2-11 所示。

②用千分尺测量叶片高度、厚度和长度,如图2-12所示。

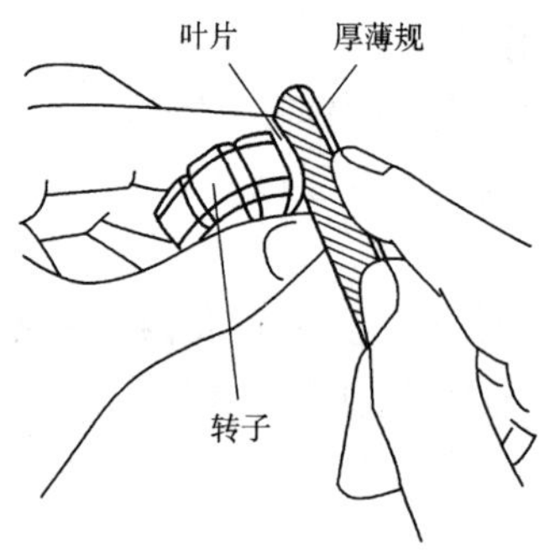

图2-11 测量叶片与转子的槽侧隙

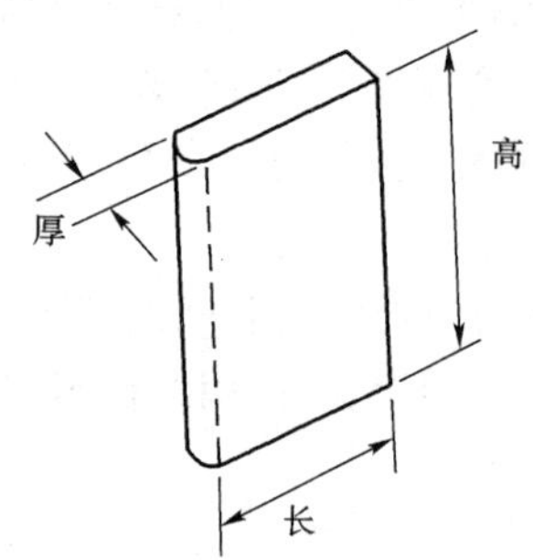

图2-12 测量叶片高度、厚度和长度

最小高度7.6mm;最小厚度1.40mm;最小长度11.93mm。不在限制值内应更换叶片泵总成。

(7)检查流量控制阀弹簧。

用游标卡尺测量弹簧自由长度,如图2-13所示。

最小自由长度为29.2mm。不在限制值内应更换叶片泵总成。

(8)皮带轮有缺损或其他原因而丧失平衡性能之后,应更换。

(9)更换油封和橡胶类密封圈。

3 液压动力转向系车上检查

液压动力转向系检修装配完毕后,应进行油量、油压试验,排除系统内的空气,调整转向油泵皮带紧度等作业,以保证动力转向系良好的工作性能。丰田威驰车就车试验按下列程序进行。

(1)检查调整轮胎气压。

(2)检查转向盘的自由转动量,如图2-14所示。

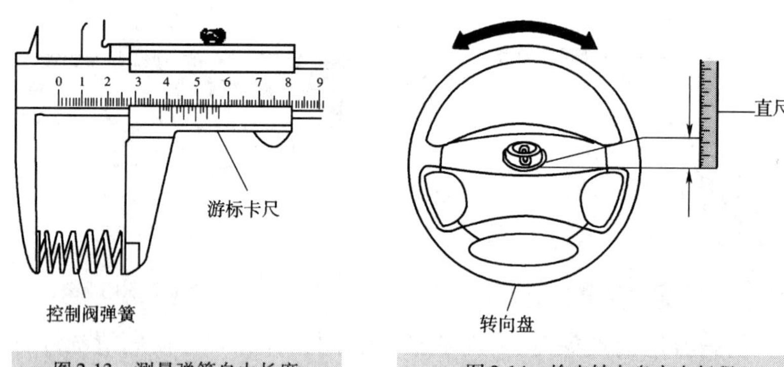

图2-13 测量弹簧自由长度

图2-14 检查转向盘自由行程

检查时,使汽车处于直线行驶的位置,左右转动转向盘(动力转向系统的车辆,应在起动发动机后做此项检查),最大自由行程由中间位置向左或向右应不超过30mm。

(3)检查调整转向车轮定位。

(4)检查调整转向油泵皮带张力。

以原厂规定的压力(约98N),在皮带中部按下皮带,皮带的挠度应符合原厂规定,一般新皮带挠度约为7~9mm,已用皮带挠度约在10~12mm范围内,如图2-15所示。

观察驱动皮带是否过度磨损、帘线磨损等。如果有,应更换皮带,如图2-16所示。

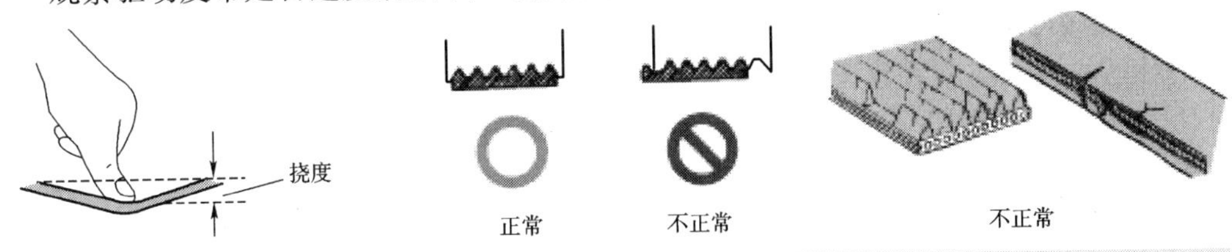

图2-15　检查转向油泵皮带张力

图2-16　检查皮带磨损

(5)检查发动机怠速提高能力。

在发动机性能正常、怠速稳定的条件下,转向盘转至极限位置;此时,夹紧空气量控制阀软管,发动机转速应急速下降;放松空气量控制阀软管时,发动机转速应急速上升。

(6)检查储油罐液位。

①保持转向车轮与地面接触,在发动机维持怠速转动条件下,将转向盘反复从一侧极限位置转至另一侧极限位置保持2~3s,使液压油的温度升至75~80℃。

②储油罐中油面应在上下限标线(HOT和COLD)之间,且油中无气泡,如图2-17所示。

③检查管接头、控制阀油封等处有无泄漏。若需补给液压油,按原厂规定牌号补给液压油。若需要更换液压油,先顶起转向桥,从储油罐及回油管排出旧油,同时使发动机怠速运转,排放旧液压油,同时将转向盘向左、向右反复转到极限位置,直至液压油排尽后1~2s,再加注新液压油。

(7)动力转向系统中空气的排放。

动力转向系统更换液压油之后和检查储油罐中油位时发现有气泡冒出,说明系统内已渗入了空气,将会引起转向沉重、前轮摆动、转向油泵产生噪声等故障,必须将系统内的空气排放干净。排放程序如下:

①架起转向桥。

②发动机怠速运转,反复向左、向右转动转向盘到极限位置,直至储油罐内无泡沫冒出并消除乳化现象,表明液力转向系统内的空气已基本排净。

③发动机刚刚熄灭火后,储油罐中应无气泡,液面不得超过上限,停机几分钟之后,液面应升高最多5mm,如图2-18所示。

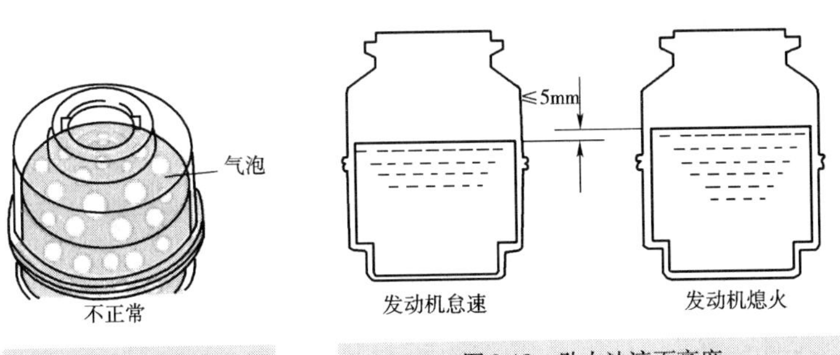

图2-17　不正常的助力油

图2-18　助力油液面高度

(8)检查动力转向系统的油压。

①从转向助力泵上脱开供油管。

②连接专用工具 SST09640—10010,专用工具阀门处于打开位置,如图 2-19 所示。

③排出转向助力油。

④起动发动机并且在怠速下运转。

⑤将转向盘反复从一侧极限位置转至另一侧极限位置保持 2 ~3s,使液压油的温度升至 75 ~80℃。

⑥发动机怠速状态,关掉专用工具阀门(阀门关闭不能超过 10s)并且观察专用工具读数。油压应在 5 900 ~6 400kPa 之间,如图 2-20 所示。

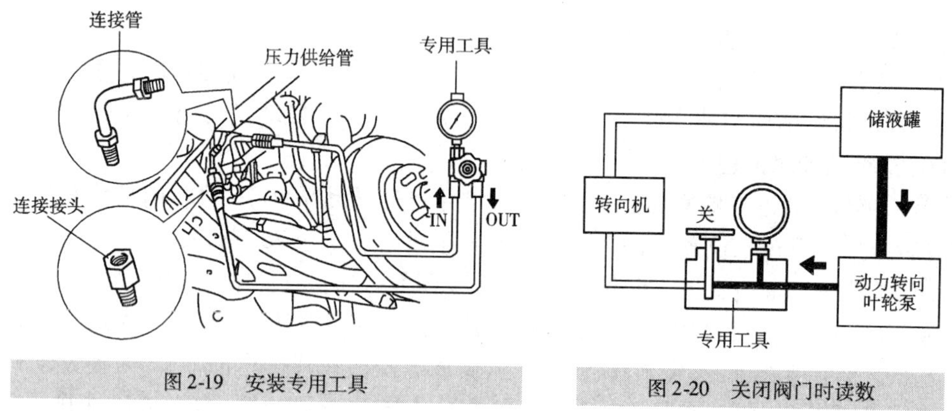

图 2-19　安装专用工具

图 2-20　关闭阀门时读数

⑦发动机怠速,阀门全开测量发动机在转速为 1 000r/min 和 3 000r/min 时的油压。二者油压差应小于 490kPa,如图 2-21 所示。

(9)检查转向力。

①转向盘对中。

②拆下喇叭按钮总成。

③起动发动机并怠速运行。

④测量两个方向的转向力。应小于 6N · m,如图 2-22 所示。

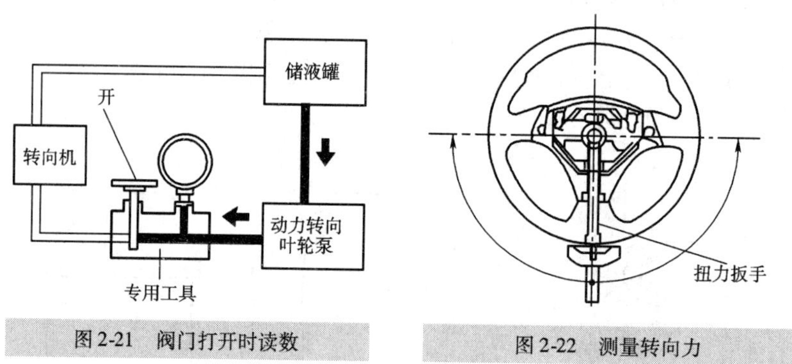

图 2-21　阀门打开时读数

图 2-22　测量转向力

4　丰田卡罗拉轿车转向柱总成拆卸

具体拆卸流程如下:

(1)将前轮转向正前位置。

(2)从蓄电池负极端子断开电缆。

断开电缆后,至少等待90s,以防止气囊和安全带预紧器激活。

(3)拆卸转向盘2、3号下盖。

(4)拆卸转向盘装饰盖。

(5)拆卸转向盘总成。

(6)拆卸仪表板1号底罩分总成。

(7)拆卸仪表板下装饰板分总成。

(8)拆卸下转向柱罩。

①拉动下转向柱罩的左右两侧,并脱开4个卡爪,如图2-23所示。

②将手指插入下转向柱罩斜度调节杆的开口处以脱开卡爪。

③转动下转向柱罩以脱开2个卡爪并拆下下转向柱罩。

(9)拆卸上转向柱罩。

脱开卡爪和2个销并拆下上转向柱罩,如图2-24所示。

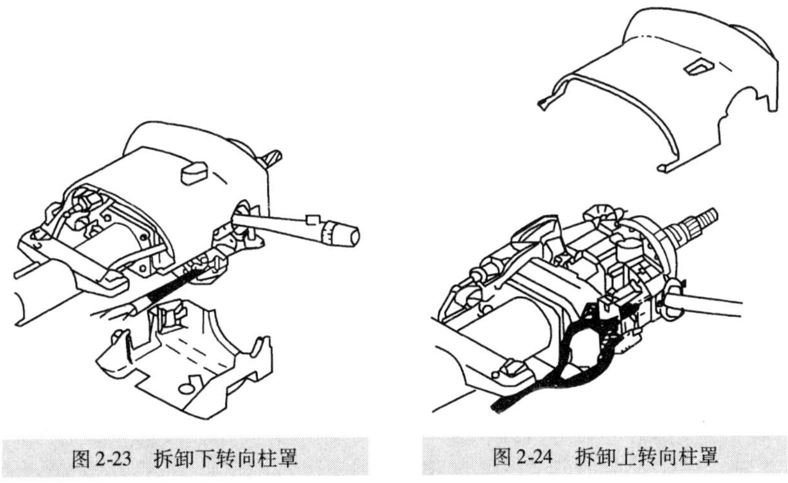

图2-23 拆卸下转向柱罩

图2-24 拆卸上转向柱罩

(10)拆卸带螺旋电缆分总成的转向信号开关总成。

①将连接器从带螺旋电缆分总成的转向信号开关总成上断开。

②用钳子固定卡夹并用螺丝刀提起卡爪。从转向柱总成上拆下带螺旋电缆分总成的转向信号开关总成,如图2-25所示。

(11)拆卸仪表板左、右下装饰板。

(12)拆卸仪表板左、右端装饰板。

(13)拆卸中央仪表板调风器总成。

(14)拆卸仪表组装饰板总成。

(15)拆卸组合仪表总成。

(16)拆卸左、右侧前柱装饰板。

(17)拆卸仪表板下装饰板总成。

(18)断开左、右前门开口装饰密封条。

(19)拆卸手套箱盖总成。

(20)拆卸仪表板1号箱盖分总成。

(21)断开仪表板线束总成。

(22)拆卸上仪表板分总成。

(23)拆卸转向柱孔盖消声板。

掀起地毯,拆下2个卡子和转向柱孔盖消声板,如图2-26所示。

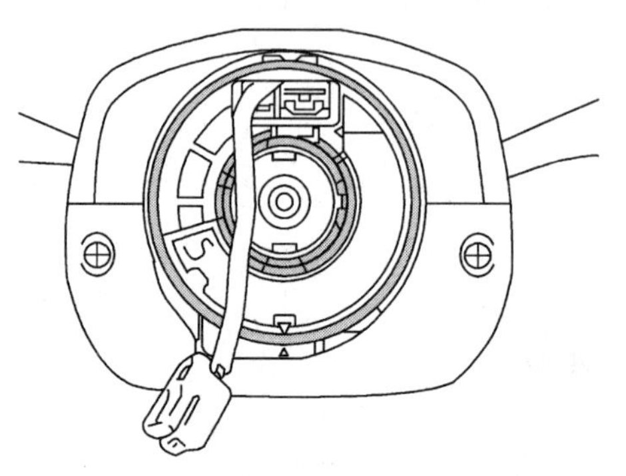

图2-25 拆卸带螺旋电缆分总成的转向信号开关总成

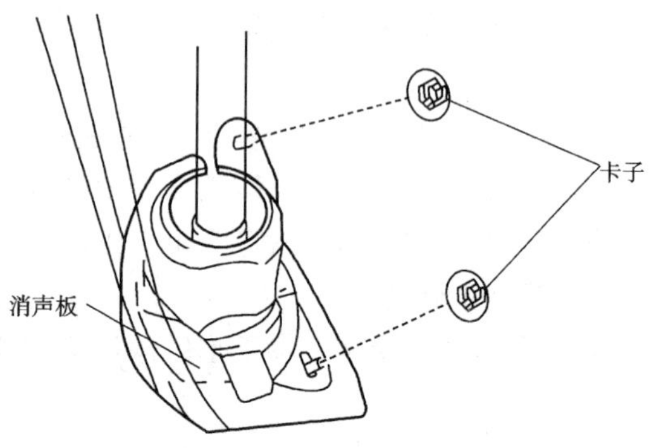

图2-26 拆卸转向柱孔盖消声板

(24)拆卸防护罩(不带智能上车和起动系统)。

将螺钉和防护罩从转向柱总成拆下。

(25)分离2号转向中间轴总成。

①拆下螺栓。不要将2号转向中间轴总成从转向中间轴上分离,如图2-27所示。

②在2号转向中间轴总成和转向中间轴上做装配标记,如图2-28所示。

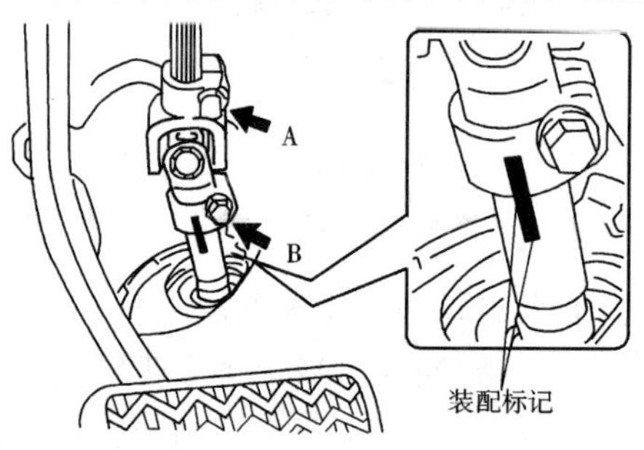

图2-27 分离2号转向中间轴总成

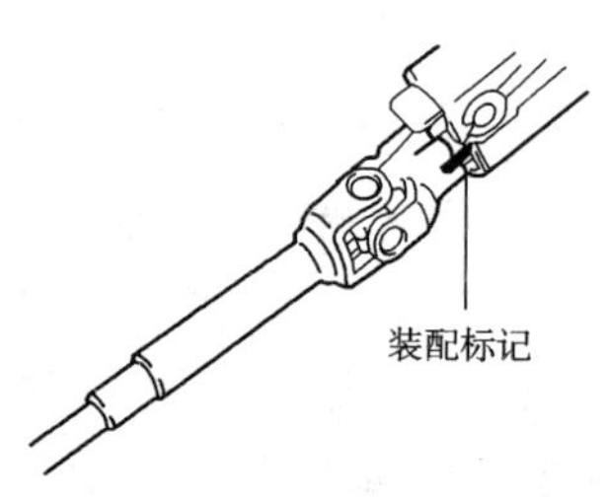

图2-28 做装配标记

③将2号转向中间轴总成从转向中间轴上分离。

(26)拆卸制动灯开关总成。

(27)拆卸制动灯开关座调节器。

脱开2个卡爪以拆下制动灯开关座调节器。

(28)拆卸转向柱总成。

①从动力转向ECU总成上分离线束卡夹。

②从动力转向 ECU 总成上断开 2 个连接器。

③将连接器断开并将线束卡夹从转向柱总成上脱开。

④拆下螺栓、2 个螺母和转向柱总成。

注意：未将转向柱总成安装至车辆时，不要松开倾斜度调节杆；不要掉落或敲击转向柱总成。如果已掉落或敲击，则更换新的。

(29)分离 2 号转向中间轴总成与转向柱总成。

①拆下螺栓。

②在 2 号转向中间轴总成和转向柱总成上做装配标记，如图 2-29 所示。

③从转向柱总成上拆下 2 号转向中间轴总成。

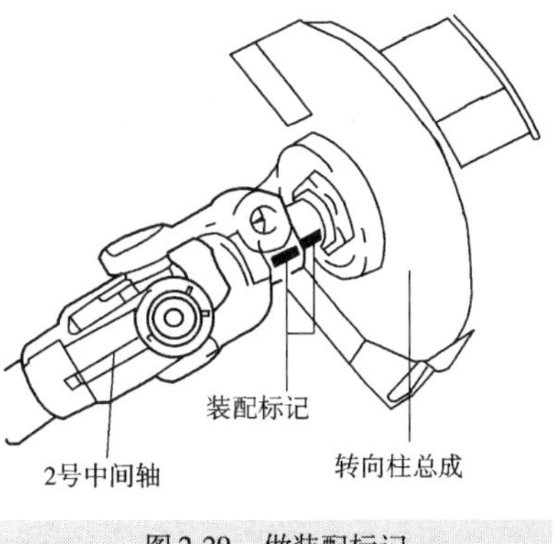

图 2-29　做装配标记

5　丰田卡罗拉轿车电控转向系统检修

1)卡罗拉轿车电控转向系统图

卡罗拉轿车电控转向系统图如图 2-30 所示。

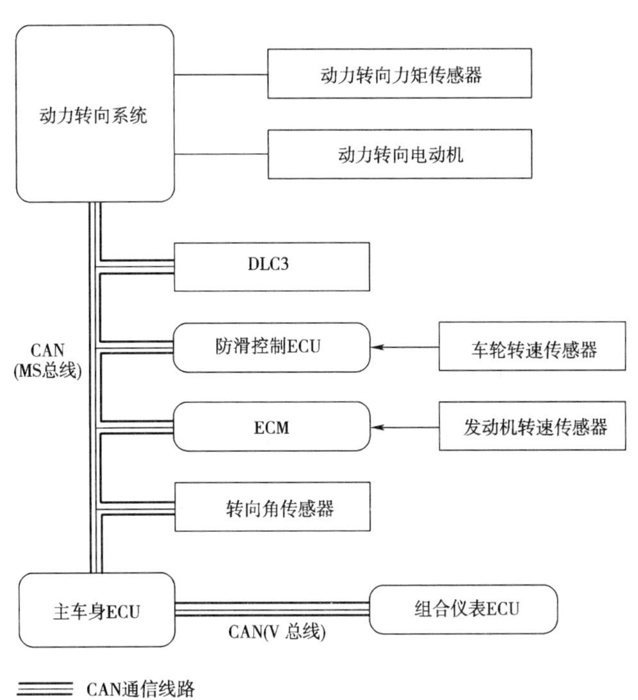

图 2-30　卡罗拉轿车电控转向系统图

2)卡罗拉轿车电控转向系统的检测流程

卡罗拉轿车电控转向系统的检测具体流程如图 2-31 所示。

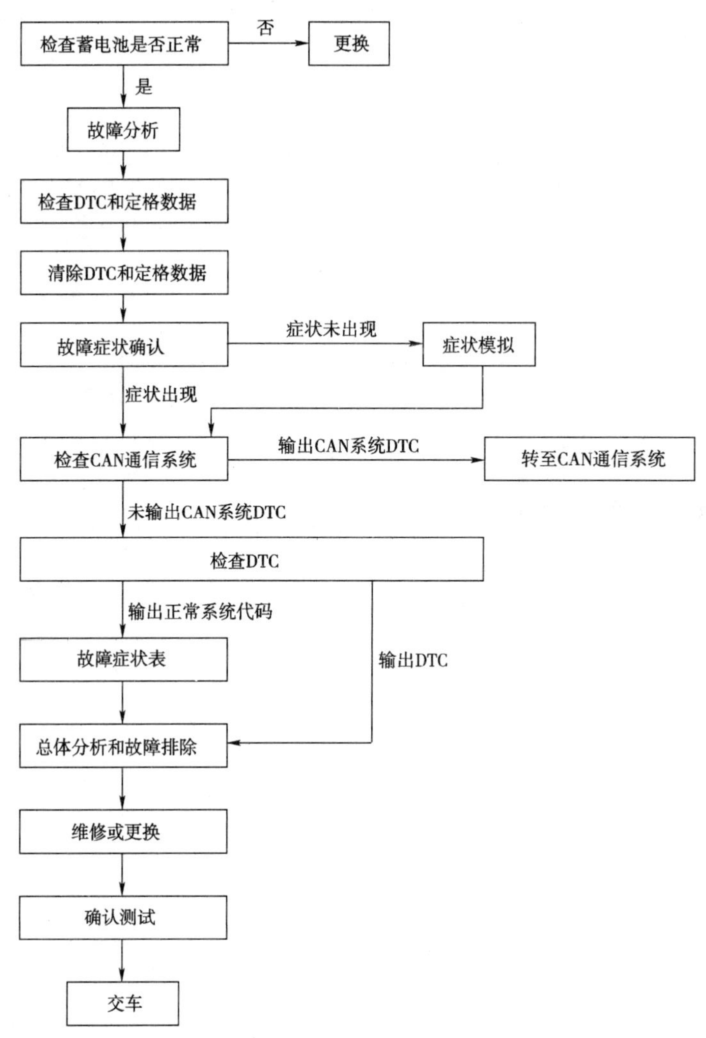

图 2-31 卡罗拉轿车电控转向系统的检测流程图

3)卡罗拉轿车电控转向系统诊断故障码表

卡罗拉轿车电控转向系统诊断故障码如表 2-1 所列。

卡罗拉轿车电控转向系统诊断故障码表 表 2-1

DTC 代码	代 码 含 义	DTC 代码	代 码 含 义
C1511	力矩传感器电路故障	C1516	力矩传感器零点调整未完成
C1512	力矩传感器电路故障	C1517	力矩保持不正常
C1513	力矩传感器电路故障	C1524	电动机电路故障
C1514	力矩传感器电源异常	C1531	ECU 故障
C1515	力矩传感器零点调整未进行	C1532	ECU 故障

续上表

DTC 代码	代码含义	DTC 代码	代码含义
C1533	ECU 故障	C1554	电源继电器故障
C1534	ECU 故障	C1555	电动机继电器焊接故障
C1535	ECU 故障	C1581	助力图编号未写
C1551	IG 电源电压故障	U0100	与 ECM/PCM“A”失去通信
C1552	PIG 电源电压故障	U0129	与制动系统控制模块失去通信
C1553	PIG 电源过电压		

4)卡罗拉轿车电控转向系统 ECU 端子简介

(1)卡罗拉轿车电控转向系统 ECU 端子如图 2-32 所示。

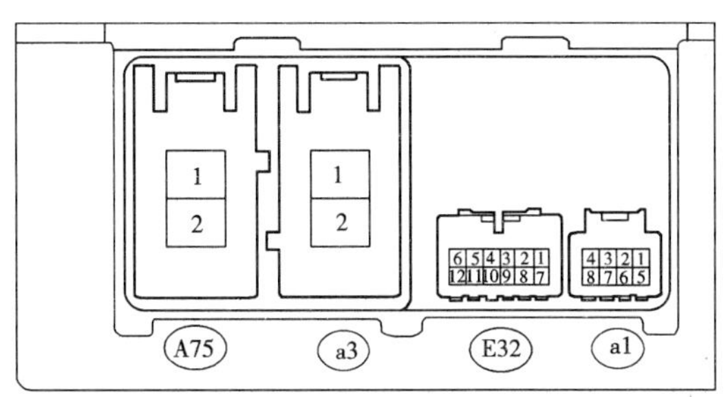

图 2-32　卡罗拉轿车电控转向系统 ECU 端子图

(2)卡罗拉轿车电控转向系统 ECU 端子间的联系如表 2-2 所列。

卡罗拉轿车电控转向系统 ECU 端子间的联系　　表 2-2

端子符号	端子描述	状　　态	规定状态
A75-1-A75-2	电源	始终	11～14V
A75-2 车身搭铁	电源搭铁	始终	小于 1Ω
a3-1-A75-2	动力转向电动机	点火开关置于 ON(IG)位置时向左转动转向盘	11～14V
		点火开关置于 ON(IG)位置时向右转动转向盘	低于 1V
a3-2-A75-2	动力转向电动机	点火开关置于 ON(IG)位置时向左转动转向盘	低于 1V
		点火开关置于 ON(IG)位置时向右转动转向盘	11～14V
E32-1-E32-7	CAN 通信线路	点火开关置于 OFF 位置	54～69Ω
E32-6-E75-2	IG 电源	点火开关置于 ON(IG)位置	11～14V
a1-5-A75-2	力矩传感器信号	点火开关置于 ON(IG)位置时向左右转动转向盘	0.3～4.7V
a1-6-A75-2	力矩传感器电源信号	点火开关置于 ON(IG)位置	7.5～8.5V
a1-7-A75-2	力矩传感器信号	点火开关置于 ON(IG)位置时向左右转动转向盘	0.3～4.7V
a1-8-A75-2	力矩传感器搭铁	始终	小于 1Ω

(三)汽车转向系常见故障的诊断

1 机械转向系常见故障的诊断

机械转向系在使用过程中由于维护调整不当、磨损、碰撞变形等原因,会使转向器过紧、转向传动机构和转向操纵机构松旷、变形、卡滞等,从而造成转向沉重、车轮回正不良、单边转向不足、低速摆头、高速摆头等故障。

1)转向沉重

(1)故障现象。

汽车在行驶中,转动转向盘感到沉重费力,转弯后又不能及时回正方向。

(2)故障原因。

①前束调整不当。

②转向器轴承装配过紧。

③传动副啮合间隙过小。

④横、直拉杆球头销装配过紧或接头缺油。

⑤转向节主销与衬套配合过紧。

⑥转向轴或柱管弯曲,互相摩擦或卡住。

⑦转向装置润滑不良。

(3)诊断与排除。

①顶起前桥,转动转向盘,若感到转向盘变轻,则说明故障部位在前桥、车轮或其他部位。此时应首先检查轮胎气压,如气压偏低,则应充气使之达到正常值,接下来应用前轮定位仪检查前轮定位,尤其应注意后倾角和前束值,如果是因为前束过大造成的转向沉重,同时还能发现轮胎有严重的磨损。

②若转向仍感沉重,说明故障在转向器或转向传动机构,可进一步拆下转向摇臂与直拉杆的连接,此时若转向变轻,说明故障在转向传动机构,应检查各球头销是否装配过紧或推力轴承是否缺油损坏,各拉杆是否弯曲变形等,通常检查时,可用手扳动两个车轮左右转动查看各传动部分,并转动车轮检查车轮轴承松紧度。

③拆下转向横拉杆球头螺母后,若转向仍沉重。则转向器本身有故障,可检查转向器是否缺油,转动转向盘时倾听有无转向轴与柱管的碰擦声,检查调整转向器主动轴上下轴承预紧度和啮合间隙,转向摇臂轴转动是否卡滞等,如不能解决就将转向器解体检查内部有无部件损坏。

④经过上述检查,如仍不见减轻,可检查车桥、车架或下控制臂(独立悬架式)与转向节臂,看其有无变形,如发现变形,应予修整或更换。同时检查前弹簧(板簧或螺旋弹簧),看其是否折断,否则应更换。

2)车轮回正不良

(1)故障现象。

车辆在行驶中,转向后车轮发生不能完全回正的现象。

(2)故障原因。

①转向车轮轮胎气压不足。

②前轮定位失准。

③转向器齿轮调整不良或损坏。

(3)诊断与排除。

①首先检查车轮气压,如气压不准,按标准充气。

②若气压正常,用前轮定位仪检查前轮定位参数,如不正确,应调整前轮定位参数。

③若仍不能排除故障,应拆检转向器,调整转向器或更换损坏的齿轮。

3)单边转向不足

(1)故障现象。

汽车转弯时,有时会出现转向盘左右转动量或车轮转角不等。

(2)故障原因。

①转向摇臂安装位置不对。

②转向角限位螺钉调整不当。

③前钢板弹簧、U形螺栓松动,或中心螺栓松动。

④直拉杆弯曲变形。

⑤钢板弹簧安装时位置不正,或是中心不对称的前钢板弹簧装反。

(3)诊断与排除。

诊断这类故障,主要根据使用维修情况

①若汽车转向原来良好,由于行驶中的碰撞而造成转向角不足或一边大一边小时,应检查直拉杆、前轴、前钢板弹簧有无变形和中心螺栓是否折断等现象。

②若维修后出现转角不足,可架起前桥,先检查转向摇臂安装是否正确。将转向盘从左边极限位置转到右边极限位置,记住总圈数,再回转总圈数的一半,查看转向轮是否处于直线行驶位置,如不是则应重新安装转向摇臂。

4)低速摆头

(1)故障现象。

汽车在低速行驶时,感到方向不稳,产生前轮摆振。

(2)故障原因。

①转向器传动副啮合间隙过大。

②转向传动机构横、直拉杆各球头销磨损松旷、弹簧折断或调整过松。

③转向节主销与衬套的配合间隙过大或前轴主销孔与主销配合间隙过大。

④前轮轮毂轴承装配过松或紧固螺母松动。

⑤后轮胎气压过低。

⑥车辆装载货物超长,使前轮承载过小。

⑦前悬架弹簧错位、折断或固定不良。

(3)诊断与排除。

①检查车辆是否装载货物超长,而引起前轮承载过小。

②检查后轮胎气压是否过低,若轮胎气压过低,应充气使之达到规定值。

③检查前悬架弹簧是否错位、折断或固定不良,若错位应拆卸修复;若折断应更换;若

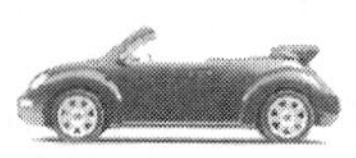

固定不良,应按规定力矩拧紧。

④由一人握紧转向摇臂,另一人转动转向盘,若自由行程过大,说明转向器啮合传动副间隙过大,应调整。

⑤放开转向摇臂,仍有一人转动转向盘,另一人在车下观察转向拉杆球头销,若有松旷现象,说明球头销或球碗磨损过度、弹簧折断或调整过松,应先更换损坏的零件,再进行调整。

⑥通过以上检查均正常,可支起前桥,并用手沿转向节轴轴向推拉前轮,凭感觉判断是否松旷。若有松旷感觉,可由另一人观察前轴与转向节连接部位。若此处松旷,说明转向节主销与衬套的配合间隙过大或前轴主销孔与主销配合间隙过大,应更换主销及衬套;若此处不松旷,说明前轮毂轴承松旷,应重新调整轴承的预紧度。

5)高速摆头

(1)故障现象。

汽车行驶中出现转向盘发抖,车头在横向平面内左右摆动、行驶不稳等。有下面两种情况:

①发动机高速运转达到某一转速时出现。

②转速越高,上述现象越严重。

(2)故障原因。

①转向轮动不平衡。

②前轮定位不正确。

③车轮偏摆量大。

④转向传动机构运动干涉。

⑤车架、车桥变形。

⑥悬架装置出现故障:左右悬架刚度不等、弹簧折断、减振器失效、导向装置失效等。

(3)诊断与排除。

①检查减振器是否失效,若漏油或失效,应更换。

②检查左右悬架弹簧是否折断、刚度是否一致,若有折断或弹力减弱,应更换。

③检查悬架弹簧是否固定可靠,转向传动机构有无运动干涉等,若有应排除。

④支起驱动桥,用三角木塞住非驱动轮,起动发动机并逐步使汽车换入高速挡,使驱动轮达到车身摆振的车速。若此时车身和转向盘出现抖动,说明传动轴严重弯曲或松旷,转向轮动不平衡或偏摆量大(前驱动);若此时车身和转向盘不抖动,说明故障在车架、车桥变形或前轮定位不正确。

⑤支起前桥,在前轮轮辋边上放一划针,慢慢地转动车轮,查看轮辋是否偏摆过大,若轮辋偏摆量过大,应更换。

⑥拆下前轮,在车轮动平衡仪上检查前轮的动平衡情况,若不平衡量过大,应加装平衡块予以平衡。

⑦经上述检查均正常,应检查车架、车桥是否变形,并用前轮定位仪检查调整前轮定位。

2 液压动力转向系常见故障的诊断

液压动力转向系的常见故障有转向沉重、助力不足;转向盘回位不良、系统有噪声、左右转向轻重不同、直线行驶时转向盘发飘或跑偏、转向时转向盘抖动等。

1)液压动力转向系转向沉重、助力不足

(1)故障现象。

汽车在行驶中突然感到转向沉重。

(2)故障原因。

一般是液压转向助力系统失效或助力不足。主要原因有以下几个方面:

①油液变质。

②滤清器或油路有堵塞。

③油路中渗入空气。

④油泵驱动皮带过松或打滑。

⑤各油管接头、油泵安全阀、溢流阀等处有泄漏。

⑥油泵磨损、内部泄漏严重。

⑦弹簧弹力减弱或调整不当。

⑧动力缸或转向控制阀密封圈损坏。

(3)诊断与排除。

①检查转向储油罐,若油液变质则应更换规定油液。若只是液面低于规定高度,应加油使油面达到规定位置。

②检查转向油液储油罐内的滤清器,若发现滤网过脏,说明滤清器或油路有堵塞,应清洗。若发现滤网破裂,说明滤清器损坏,应更换。

③检查油路中是否渗入空气,如果发现储油罐中的油液有气泡,说明油路中有空气渗入,应检查各油管接头和接合面的螺栓是否松动,各密封件是否损坏,有无泄漏现象,油管是否破裂等。对于出现故障的部位应进行修理和更换,并进行排气操作,最后重新加入油液。

④检查油泵驱动皮带是否过松或打滑。

⑤检查各油管接头等处有无泄漏,油路中是否有堵塞,查明故障后按规定力矩拧紧有关接头或清除污物。

⑥检查油泵是否磨损、内部是否泄漏严重。

⑦检查油泵安全阀、溢流阀是否泄漏,弹簧弹力是否减弱或调整不当。对转向油泵进行输出油压检查,如果油泵输出压力不足,说明油泵有故障,此时应分解油泵,检查油泵是否磨损或内部泄漏严重,安全阀、溢流阀是否泄漏或卡滞,弹簧弹力是否减弱或调整不当,各轴承是否烧结或严重磨损等。对于叶片泵还应检查转子上的密封环或油封是否损坏,对于齿轮泵应检查齿轮间隙是否过大等,查明故障予以修理,必要时更换油泵。

⑧检查动力缸或转向控制阀密封圈是否损坏。

2)液压动力转向系转向盘回正不良

(1)故障现象。

汽车完成转向后，转向盘不能回到直线行驶位置。

(2)故障原因。

①转同油泵输出油压低。

②液压回路中渗入空气。

③回油软管扭曲阻塞。

④转向控制阀或转向动力缸发卡。

⑤转向控制阀定中不良。

(3)诊断与排除。

①对液压系统进行排气操作，排气后按规定加足转向油液。

②检查转向油泵输出油压，若油压不足应拆检转向油泵，检查油泵是否磨损或内部泄漏严重、安全阀及流量控制阀是否泄漏或卡滞、弹簧弹力是否减弱或调整不当、各轴承是否烧结或严重磨损等。查明故障予以修理，必要时更换油泵。如果泵轴油封泄漏也应更换转向油泵。

③检查回油软管是否阻塞，如有应更换回油软管。

④拆检转向控制阀或转向动力缸，查明故障原因，然后视情况进行修复，对于损坏的零件应更换。必要时更换转向控制阀或转向动力缸。

3)液压动力转向系有噪声

(1)故障现象。

汽车转向时，转向系统有不太大的噪声是正常现象，但当噪声过大或影响汽车的转向性能时，必须对转向系统进行检查，并排除故障。

(2)故障原因。

①储油罐中液面太低，油泵在工作时容易渗入空气。

②液压系统中渗入空气。

③储油罐滤网堵塞，或液压回路中有过多的沉积物。

④油管接头松动或油管破裂。

⑤油泵严重磨损或损坏。

⑥转向控制阀性能不良。

(3)诊断与排除。

①当转向盘处于极限位置或原地慢慢转动转向盘时，转向器发出“嘶嘶”声，如果这种异响严重，则可能为转向控制阀性能不良，应更换转向控制阀。

②当转向油泵发出“嘶嘶”声或尖叫声时，应进行以下检查：检查储油罐液面高度，液面高度不够时应查明泄漏部位并修理，然后按规定加足油液。检查转向油泵驱动皮带是否打滑，若打滑，应查明原因更换皮带或调整皮带紧度；查看油液中有无泡沫，若有泡沫，应查找漏气部位并予以修理，然后排除空气。若无漏气，则说明油路有堵塞处或油泵严重磨损及损坏，应予以修复或更换。

4)液压动力转向系左右转向轻重不同

(1)故障现象。

汽车行驶时，向左和向右转向操纵力不相等。

(2)故障原因。

①转向控制阀转阀芯(或滑阀)偏离中间位置,或虽然在中间位置,但与阀体槽肩的缝隙大小不一致。

②控制阀内有污物阻滞,使左右转动阻力不同。

③液压系统中动力缸的某一腔渗入空气。

④油路渗漏。

(3)诊断与排除。

这种故障多是油液脏污所致,应按规定更换新油后再进行检查。

如果油质良好,应对液压系统进行排气。液压系统中出现泄漏时,应更换泄漏部位的零部件。

如果故障仍不能排除,则可能是由于控制阀定中不良造成的。滑阀式转向控制阀可在动力转向器外部进行排除,通过改变转向控制阀阀体的位置来实现。如果滑阀位置调整后仍不见好转,应拆下滑阀测量其尺寸,若偏差较大,应更换滑阀。

5)液压动力转向系直线行驶时转向盘发飘或跑偏

(1)故障现象。

汽车直线行驶时,难以保持直线方向而总向一边跑偏。

(2)故障原因。

①油液脏污、转向控制阀复位弹簧折断或变软,使转向控制阀不能及时复位。

②转向控制阀阀芯(或滑阀)偏离中间位置,或虽在中间位置但与阀体槽肩的缝隙大小不一致。

③流量控制阀卡滞,使油泵流量过大;或油压管路布置不合理,造成油压系统管路节流损失过大,使动力缸左右腔压力差过大。

(3)诊断与排除。

①检查油液是否脏污。对于新车或大修以后的车辆,走合维护时更换油液。

②对于使用较久的车辆,则可能是流量控制阀或转向控制阀复位弹簧失效所致,此时可在不起动发动机的情况下转动转向盘,凭手感判断控制阀是否开启运动自如,若有怀疑一般应拆卸检查。

③检查转向油泵流量控制阀是否卡滞和油压管路布置是否合理,发现故障予以修理。

6)液压动力转向系转向时转向盘发抖

(1)故障现象。

发动机工作时转向,尤其是在原地转向时滑阀共振,转向盘抖动。

(2)故障原因。

①储油罐液面低。

②油路中渗入空气。

③转向油泵驱动皮带打滑。

④转向油泵输出压力不足。

⑤转向油泵流量控制阀卡滞。

(3)诊断与排除。

①储油罐液面低,应加注油液。

②油路中渗入空气,应排除空气。

③转向油泵驱动皮带打滑,检查皮带,必要时更换。

④转向油泵输出压力不足。对转向油泵输出压力进行检查。压力不足时应分解油泵,检查油泵是否磨损或内部泄漏严重、安全阀及流量控制阀是否泄漏或卡滞、弹簧弹力是否减弱或调整不当、各轴承是否烧结或严重磨损等。对于叶片式转向油泵还应检查转子上的密封环或油封是否损坏。对于齿轮式油泵应检查齿轮间隙是否过大等。查明故障予以修理。必要时更换油泵。如果泵轴油封泄漏也应更换转向油泵。

⑤转向油泵流量控制阀卡滞,清洗或更换。

3 电控转向系统常见故障的诊断

电控转向系统常见的故障有转向困难、左右转向力矩不同或转向力矩不均、行驶时转向力矩不随车速改变或转向盘不能正确回正、动力转向工作转动转向盘时出现敲击(或摇动)声等。

1)转向困难

(1)故障现象。

汽车在转向时,发生转向沉重、不灵敏等转向困难现象。

(2)故障原因。

①前轮胎充气不当、磨损不均匀。

②前轮定位错误。

③前悬架下球节磨损、松旷等。

④转向机总成发生故障。

⑤力矩传感器(内置于转向柱)发生故障。

⑥动力转向电动机发生故障。

⑦蓄电池和电源系统发生故障。

⑧动力转向 ECU 电源电压异常和继电器发生故障。

⑨动力转向 ECU 发生故障。

(3)诊断与排除。

①检查前轮气压是否正常,胎面磨损是否均匀。

②检查前悬架下球节是否磨损、松旷,如不能修复进行更换;检查前轮定位参数是否正常,如不正常,调整前轮定位参数。

③检查转向机总成,若不正常进行修复或更换。

④检查蓄电池和电源系统是否正常,若不正常进行修复或更换。

⑤检查动力转向 ECU 是否正常,若不正常进行修复或更换。

⑥检查力矩传感器和动力转向电动机是否正常,若不正常进行修复或更换。

2)左右转向力矩不同或转向力矩不均

(1)故障现象。

汽车在转向时,在向左和向右操纵时,明显感觉沉重感不同。

(2)故障原因。

①前轮胎充气不当、磨损不均匀。

②前轮定位错误。

③前悬架下球节磨损、松旷等。

④转向机总成发生故障。

⑤转向中心点(零点)记录错误。

⑥力矩传感器(内置于转向柱)发生故障。

⑦转向柱总成发生故障。

⑧动力转向电动机发生故障。

⑨动力转向 ECU 发生故障。

(3)诊断与排除。

①检查前轮气压是否正常,胎面磨损是否均匀。

②检查前悬架下球节是否磨损、松旷,如不能修复进行更换;检查前轮定位参数是否正常,如不正常,调整前轮定位参数。

③检查转向机总成,若不正常进行修复或更换。

④检查转向中心点(零点)记录是否错误,若记录错误重新进行校正。

⑤检查动力转向 ECU 是否正常,若不正常进行修复或更换。

⑥检查力矩传感器和动力转向电动机是否正常,若不正常进行修复或更换。

3)行驶时转向力矩不随车速改变,或转向盘不能正确回正

(1)故障现象。

汽车在行驶时,车速改变但转向力矩不能同步变化,转向盘不能正确回正。

(2)故障原因。

①前悬架下球节磨损、松旷等。

②转速传感器发生故障。

③防滑控制 ECU 发生故障。

④力矩传感器(内置于转向柱)发生故障。

⑤动力转向电动机发生故障。

⑥动力转向 ECU 发生故障。

⑦CAN 通信系统发生故障。

(3)诊断与排除。

①检查前悬架下球节是否磨损、松旷,如不能修复进行更换。

②检查转速传感器是否正常,若不正常进行修复或更换。

③检查防滑控制 ECU 是否正常,若不正常进行修复或更换。

④检查动力转向 ECU 是否正常,若不正常进行修复或更换。

⑤检查力矩传感器和动力转向电动机是否正常,若不正常进行修复或更换。

⑥检查 CAN 通信系统是否正常,若不正常进行修复或更换。

4)动力转向工作时,转动转向盘时出现敲击(或摇动)声

(1)故障现象。

汽车行驶转向时,转向盘出现敲击(或摇动)声。

(2)故障原因。

①前悬架下球节磨损、松旷等。

②转向中间轴磨损、松旷等。

③动力转向电动机发生故障。

④动力转向 ECU 发生故障。

(3)诊断与排除。

①检查前悬架下球节是否磨损、松旷,如不能修复进行更换。

②检查转向中间轴是否磨损、松旷,如不能修复进行更换。

③检查动力转向电动机是否正常,若不正常进行修复或更换。

④检查动力转向 ECU 是否正常,若不正常进行修复或更换。

二、任 务 实 施

项目1　检测与排除丰田卡罗拉轿车转向不灵敏故障

1　项目说明

维修技师对前面工作情景中所描述丰田卡罗拉轿车发生转向不灵敏故障进行检测,先让两前轮朝向正前方并着地,测得转向盘自由行程为50mm(标准值为最大30mm),自由行程过大。转向传动与操纵机构松脱、变形,转向器内部卡滞等都会造成转向不灵敏、沉重的故障发生。因此应按照技术标准对转向器进行拆装检测,并制定相应的修复方法。

2　技术标准与要求

(1)每个学员独立完成此项目。

(2)技术标准。

前轮气压:230MPa;

横拉杆分总成拧紧力矩:0.98 ~3.92N · m;

转向器总预紧力:0.5 ~1.1N · m;

转向拉杆与前悬架梁拧紧力矩:138N · m;

转向拉杆与转向中间轴拧紧力矩:35N · m;

横拉杆接头与转向节拧紧力矩:49N · m;

前轮拧紧力矩:103N · m。

3　设备器材

(1)卡罗拉轿车;

(2)常用、专用拆装工具,测量工具;

(3)举升机、油盘、抹布、手套等。

4 作业准备

(1)准备作业单;

(2)准备工具、量具;

(3)车辆停放到举升机上。

5 操作步骤

1)确认故障

(1)将车辆水平停放到举升机上,检查轮胎气压,如气压偏低,则应充气使其达到正常值,用前轮定位仪检查前轮定位,查看前轮定位值是否正确。

(2)助手坐到驾驶舱,举升车辆,锁止举升机,助手转动转向盘从直行位置向左、向右反复转动60°左右,技师查看情况。此时检查横拉杆与转向节臂连接处是否松脱、松旷,如图2-33所示。

(3)助手坐在车厢内,踩住制动踏板。技师用螺丝刀垫布撬动球节,检查球节间隙,如图2-34所示。

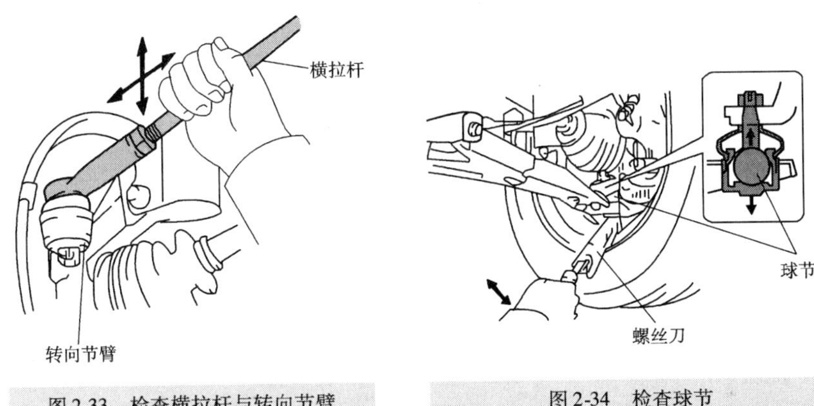

图2-33　检查横拉杆与转向节臂

图2-34　检查球节

(4)检查车桥、下控制臂与转向节臂,看其有无变形,同时检查螺旋弹簧,看其是否折断。检查转向节臂和左、右转向横拉杆相连接处的磨损和装配状况。

(5)检查槽形螺母是否松脱,检查开口销、盖等的装配情况。

(6)检查球头螺栓螺纹、横拉杆两端螺纹是否损伤、橡胶防尘罩是否老化破裂。

(7)用手扳动两个车轮左右转动查看各传动部分,并转动车轮检查车轮轴承松紧度。

如上述均正常从车上拆下转向器。

2)拆卸检查转向器

(1)拆卸转向器。

拆卸之前,先断开蓄电池电源线,使前轮处于直线行驶位置,转向灯开关置位于中间位置。

①固定转向盘,如图2-35所示。

②分离2号转向中间轴总成。

③拆卸前轮。

④分离左、右前稳定杆连杆总成。

⑤分离左、右侧横拉杆接头分总成,如图 2-36 所示。

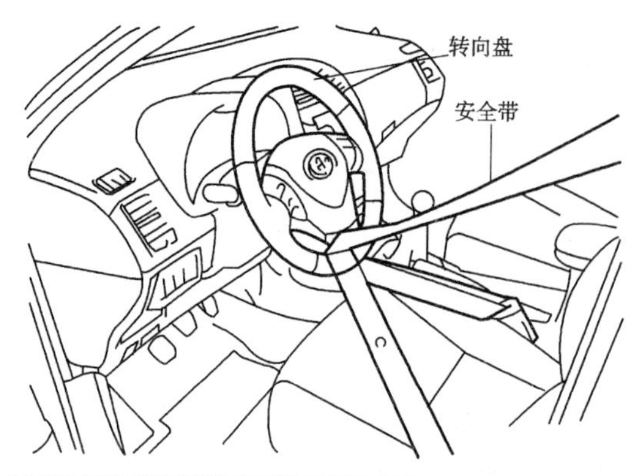

图 2-35　固定转向盘

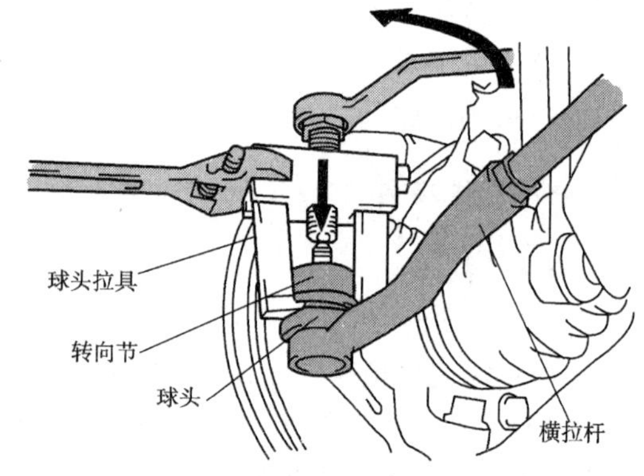

图 2-36　分离横拉杆接头

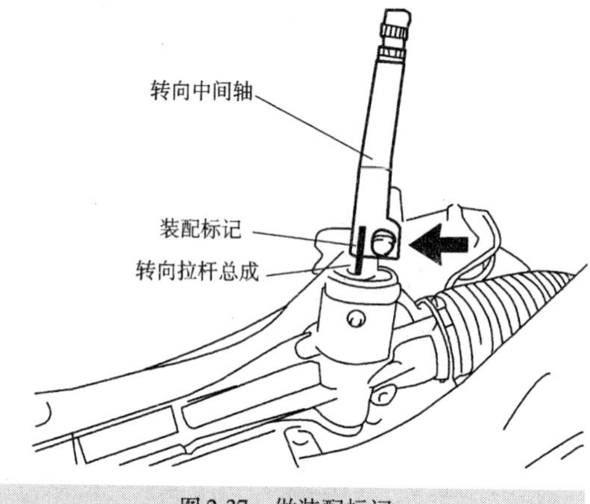

图 2-37　做装配标记

⑥分离左、右前悬架下臂分总成。

⑦拆卸左、右前悬架梁后支架。

⑧拆卸前悬架梁分总成。

⑨拆卸转向中间轴。

a. 在转向中间轴和转向拉杆总成上做好装配标记,如图 2-37 所示。

b. 从转向拉杆总成拆下螺栓和转向中间轴。

⑩拆卸转向器。

从前悬架横梁分总成拆下连接螺栓和防松螺母,将转向器从车上拆下,如图 2-38 所示。

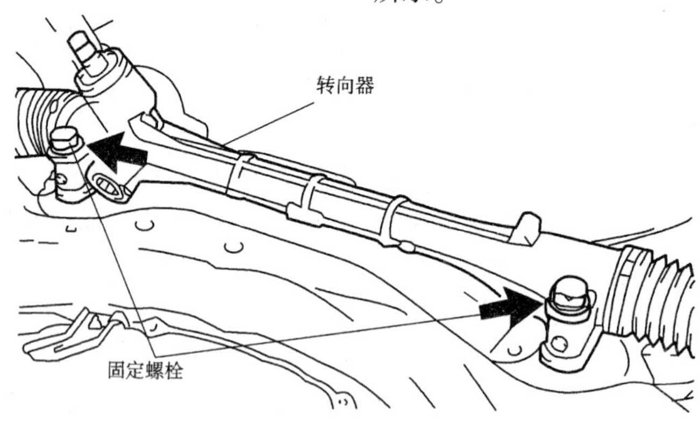

图 2-38　拆卸转向器

a. 先将专用工具 09612—00012 上贴上胶带,再用专用工具将转向器固定在台钳上,如图 2-39 所示。

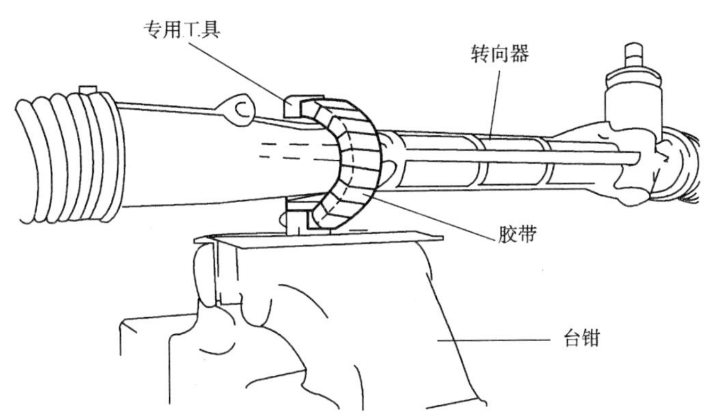

图2-39　固定转向器

b. 在左、右侧横拉杆接头分总成与转向器总成上做好装配标记，如图2-40所示。

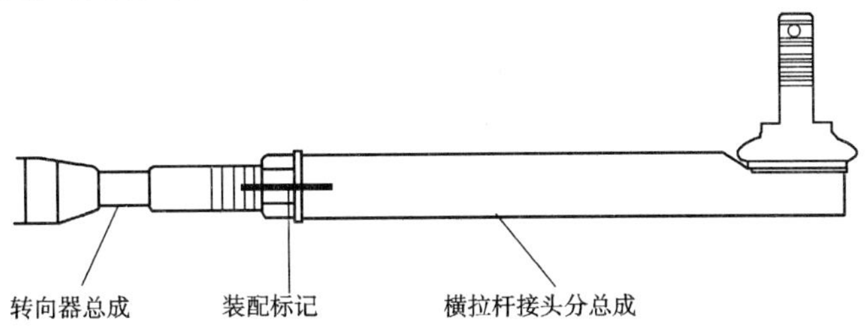

图2-40　做装配标记

c. 拆下左、右侧横拉杆接头分总成和锁紧螺母。

(2)检查转向器。

①用检视法或渗透法检查，转向器壳体是否有裂纹。

②转动转向器检查转向齿轮及齿条是否运动灵活，无卡滞现象；转向小齿轮、转向齿条安装是否良好，无松动。

③检查各密封圈、密封环及防尘套是否正常。

④检查左、右侧横拉杆接头分总成。

a. 将左侧横拉杆接头分总成固定在台钳上。

b. 将螺母安装到双头螺栓上；前后晃动球节5次。

c. 将扭力扳手置于螺母上，以3～5s一圈的速度连续转动球节，并检查第五圈的力矩，如图2-41所示。

d. 如果力矩不在规定范围内，更换新的横拉杆接头分总成。

⑤检查转向器总预紧力。

a. 将转向器固定在台钳上。

b. 把专用工具09616—00011安装到转向拉杆上，用扭力扳手检查总预紧力，如图2-42所示。

c. 如果总预紧力不在规定范围内，更换新的转向机总成。

(3)安装转向器。

按照与拆卸相反的顺序进行安装。注意对齐装配标记与力矩要求,装配完成后进行前轮定位。

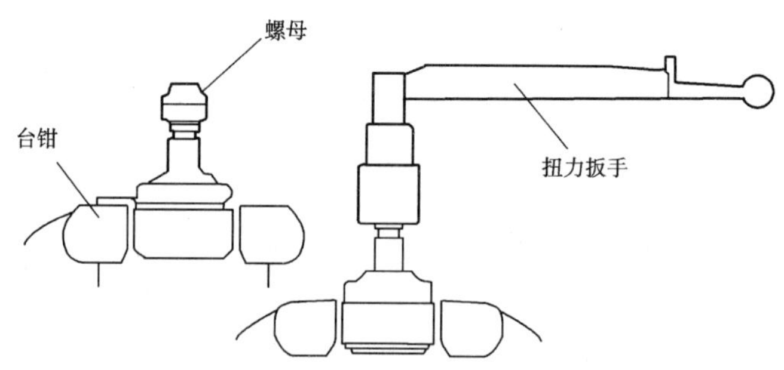

图 2-41　检查横拉杆接头

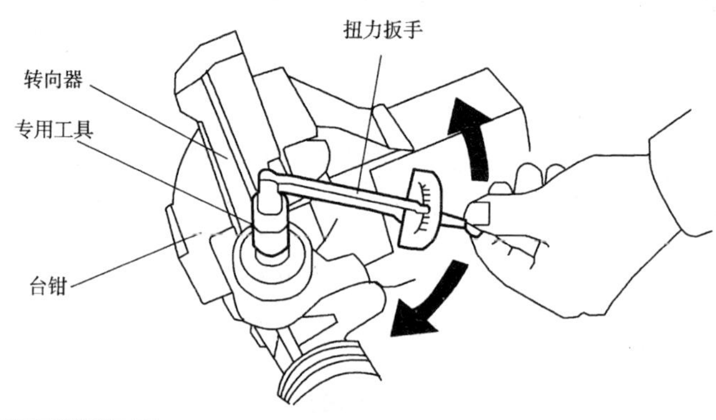

图 2-42　检查转向器总预紧力

6　记录与分析(表 2-3)

检修卡罗拉轿车转向不灵敏故障作业记录单(单位:mm、kPa)　　表 2-3

姓名		班级		学号		组别	
车型		发动机编号		作业单号		作业日期	
检修项目及记录							
项目	检查结果						
气压							
前轮定位							
横拉杆							
转向节臂							
球节							
螺旋弹簧							
槽形螺母							
开口销							
球头、横拉杆螺纹							

续上表

项目	检查结果
橡胶防尘罩	
车轮轴承	
转向器壳体	
转向齿轮、齿条	
密封圈、密封环	
横拉杆接头分总成预紧力	
转向器总预紧力	
处理意见	
制订修理方法	

项目2 检测与排除丰田卡罗拉轿车力矩传感器电路故障

1 项目说明

力矩传感器将转向盘的旋转力矩输入值转换为电信号，并将其发送至动力转向 ECU。前面工作情景中的卡罗拉车辆如果出现力矩传感器电路故障，动力转向 ECU 就会接收不到正确的信号，转向系统会出现转向不灵敏、沉重的现象。

因此应按照技术标准对转向系统、电路进行检测，并制定相应的修复方法。

2 技术标准与要求

(1)每个学员独立完成此项目。

(2)技术标准。

力矩传感器 1 输出值:最低 0V，最高 5V；

力矩传感器 2 输出值:最低 0V，最高 5V；

转向盘不转动时，力矩传感器 1 正常输出值为 2.3 ~ 2.7V；

转向盘不转动时，力矩传感器 2 正常输出值为 2.3 ~ 2.7V；

车辆停止，转向盘向右转动时，力矩传感器 1 正常输出值为 2.5 ~ 4.7V；

车辆停止，转向盘向右转动时，力矩传感器 2 正常输出值为 2.5 ~ 4.7V；

车辆停止，转向盘向左转动时，力矩传感器 1 正常输出值为 0.3 ~ 2.5V；

车辆停止，转向盘向左转动时，力矩传感器 2 正常输出值为 0.3 ~ 2.5V；

a1-6 与 a1-8 间的电压规定值为 7.5 ~ 8.5V；

转向盘处于中间位置时 a1-5 与 a1-8 间的规定值为 2.3 ~ 2.7V；

转向盘处于中间位置时 a1-7 与 a1-8 间的规定值为 2.3 ~ 2.7V；

转向盘向右转时 a1-5 与 a1-8 间的规定值为 2.5 ~ 4.7V；

转向盘向右转时 a1-7 与 a1-8 间的规定值为 2.5 ~ 4.7V；

转向盘向左转时 a1-5 与 a1-8 间的规定值为 0.3 ~ 2.5V；

转向盘向左转时 a1-7 与 a1-8 间的规定值为 0.3 ~ 2.5V。

3 设备器材

(1)卡罗拉轿车;
(2)常用、专用拆装工具;
(3)丰田专用检测仪、万用表;
(4)举升机、油盘、抹布、手套等。

4 作业准备

(1)车辆停放到维修场地;
(2)准备作业单;
(3)准备工具、检测仪器。

5 操作步骤

(1)查找力矩传感器电路图,如图 2-43 所示。

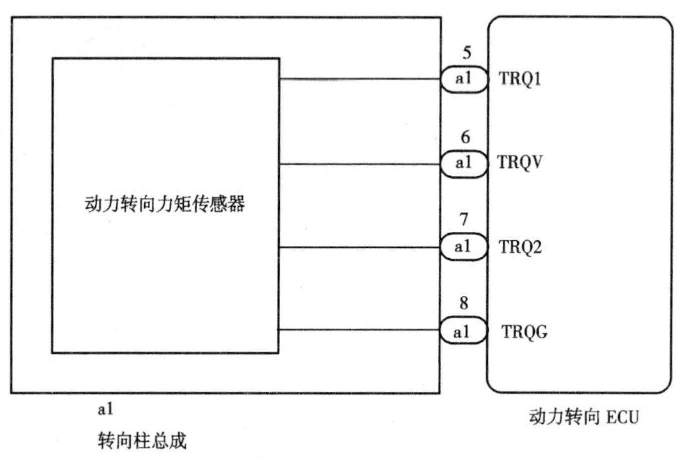

图 2-43 力矩传感器电路图

(2)将点火开关置于 OFF 位置。
(3)将丰田专用检测仪连接到 DLC3。
(4)将点火开关置于 ON 位置并接通丰田专用检测仪。
(5)进入菜单选择 DTC 按钮。
(6)进入菜单项:Chassis/EMPS/Data List。
(7)选择数据表中的"Torque Sensor 1 Output"和"Torque Sensor 2 Output"项,并读取智能检测仪上的显示值。

转向盘不转动时,查看力矩传感器 1 和力矩传感器 2 的输出值;

车辆停止,转向盘向右转动时,查看力矩传感器 1 和力矩传感器 2 的输出值;

车辆停止,转向盘向左转动时,查看力矩传感器 1 和力矩传感器 2 的输出值。

(8)检查"Torque Sensor 1 Output"和"Torque Sensor 2 Output"值的差别。

正常差值低于0.3V。

(9)如果电压差高于0.3V,检查转向ECU。

①将点火开关置于ON位置。

②使前轮处于正前方位置。

③拆卸上仪表板。

④拆卸动力转向ECU总成。

⑤用万用表连接a1-6和a1-8测量电压。如电压不正常查找故障部位,必要时更换动力转向ECU。

(10)检查力矩传感器。

①将点火开关置于ON位置。

②转向盘处于中间位置,用万用表分别测量a1-5和a1-8;a1-7和a1-8的电压。如电压不正常查找故障部位,必要时更换动力转向柱总成。

③转向盘向右转,用万用表分别测量a1-5和a1-8;a1-7和a1-8的电压。如电压不正常查找故障部位,必要时更换动力转向柱总成。

④转向盘向左转,用万用表分别测量a1-5和a1-8;a1-7和a1-8的电压。如电压不正常查找故障部位,必要时更换动力转向柱总成。

6 记录与分析(表2-4)

卡罗拉轿车力矩传感器电路故障检修作业记录单(单位:V)　　表2-4

姓名		班级		学号		组别	
车型		发动机编号		作业单号		作业日期	
检修项目及维修方法							
检测项目				检查结果			
转向盘不转动时,力矩传感器1输出值							
转向盘不转动时,力矩传感器2输出值							
车辆停止,转向盘向右转动时,力矩传感器1输出值							
车辆停止,转向盘向右转动时,力矩传感器2输出值							
车辆停止,转向盘向左转动时,力扭矩传感器1输出值							
车辆停止,转向盘向左转动时,力扭矩传感器2输出值							
a1-6和a1-8间的电压							
转向盘处于中间位置时a1-5和a1-8间的电压							
转向盘处于中间位置时a1-7和a1-8间的电压							
转向盘向右转时a1-5和a1-8间的电压							
转向盘向右转时a1-7和a1-8间的电压							
转向盘向左转时a1-5和a1-8间的电压							
转向盘向左转时a1-7和a1-8间的电压							
处理意见							
制订修理方法							

项目3　检测与排除丰田卡罗拉轿车转向电动机电路故障

1　项目说明

动力转向 ECU 通过电动机电路向动力转向电动机提供电流,如果电动机电路出现故障,会造成 ECU 无法向动力转向电动机供电,车辆转向系统会出现转向不灵敏、转向沉重等困难的现象。根据故障原因需按照技术标准对转向系统的原件、电路进行检测,并制定相应的修复方法。

2　技术标准与要求

(1)每个学员独立完成此项目。

(2)技术标准。

检测仪中的"Motor Actual Current"数值:最小 -327.67A,最大 327.67A;

检测仪中的"Command Value Current"数值:最小 -327.68A,最大 327.67A;

转向盘不转动时,检测仪中的"Motor Actual Current"数值为 -1 ~ 1A;

转向盘不转动时,检测仪中的"Command Value Current"数值为 -1 ~ 1A;

车辆停止,转向盘向右转动时,检测仪中的"Motor Actual Current"数值为 -55 ~ -10A;

车辆停止,转向盘向右转动时,检测仪中的"Command Value Current"数值为 -55 ~ -10A;

车辆停止,转向盘向左转动时,检测仪中的"Motor Actual Current"数值为 10 ~ 55A;

车辆停止,转向盘向左转动时,检测仪中的"Command Value Current"数值为 10 ~ 55A;

A75-1 和车身搭铁之间的电压:11 ~ 14V;

转向盘向右转时 a3-1 和 A75-2 之间的电压:低于 1V;

转向盘向右转时 a3-2 和 A75-2 之间的电压:11 ~ 14V;

转向盘向左转时 a3-1 和 A75-2 之间的电压:11 ~ 14V;

转向盘向左转时 a3-2 和 A75-2 之间的电压:低于 1V;

a3-1 和 a3-2 之间的标准电阻值:0.08 ~ 0.15Ω;

a3-1 和车身搭铁之间的标准电阻值:1MΩ 或更高;

a3-2 和车身搭铁之间的标准电阻值:1MΩ 或更高;

A75-2 和车身搭铁之间的标准电阻值:小于 1Ω。

3　设备器材

(1)卡罗拉轿车。

(2)常用、专用拆装工具。

(3)丰田专用检测仪、万用表。

(4)举升机、油盘、抹布、手套等。

4　作业准备

(1)准备场地。

(2)准备作业单。

(3)准备工具、检测仪器。

5 操作步骤

(1)查找电动机电路图,如图2-44所示。

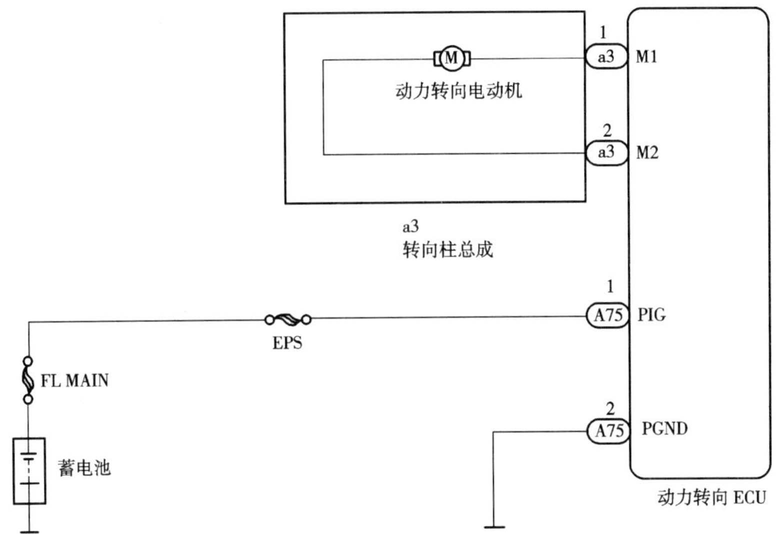

图2-44　电动机电路图

(2)将点火开关置于OFF位置。

(3)将丰田专用检测仪连接到DLC3。

(4)将点火开关置于ON位置并接通丰田专用检测仪。

(5)进入菜单选择DTC按钮。出现故障代码C1524,说明电动机短路(开路),或电动机电压或电流异常。

(6)进入菜单项:Chassis/EMPS/Data List。

(7)选择数据表中的"Motor Actual Current"和"Command Value Current"项,并读取智能检测仪上的显示值。

(8)转向盘转动时检查电流是否变化。

转向盘处于中间位置时,查看"Motor Actual Current"和"Command Value Current"的输出值。

车辆停止,转向盘向右转动时,查看"Motor Actual Current"和"Command Value Current"的输出值。

车辆停止,转向盘向左转动时,查看"Motor Actual Current"和"Command Value Current"的输出值。

正常情况下,转向盘转动时电流发生变化。

(9)如电流异常,检查转向ECU。

①将点火开关置于ON位置。

②使前轮处于正前方位置。

③拆卸上仪表板。

④拆卸动力转向 ECU 总成。

⑤转向盘向左转动时,用万用表分别连接 a3-1 和 A75-2、a3-2 和 A75-2,测量其电流值。

⑥转向盘向右转动时,用万用表分别连接 a3-1 和 A75-2、a3-2 和 A75-2,测量其电流值。

(10)检查动力转向电动机

①从动力转向 ECU 上断开电动机连接器。

②用万用表连接 a3-1 和 a3-2,测量电阻值。

③用万用表连接 a3-1 和车身搭铁,测量电阻值。

④用万用表连接 a3-2 和车身搭铁,测量电阻值,如图 2-45 所示。

如电阻值异常,查找故障部位,必要时更换转向柱总成。

(11)检查线束和连接器

①从动力转向 ECU 上断开线束连接器。

②点火开关置于 ON 位置,用万用表连接 A75-1 和车身搭铁,测量电压值。如电压值异常,查找故障部位,必要时更换线束或连接器。

③用万用表连接 A75-2 和车身搭铁,测量电阻值。如电阻值异常,查找故障部位,必要时更换线束或连接器,如图 2-46 所示。

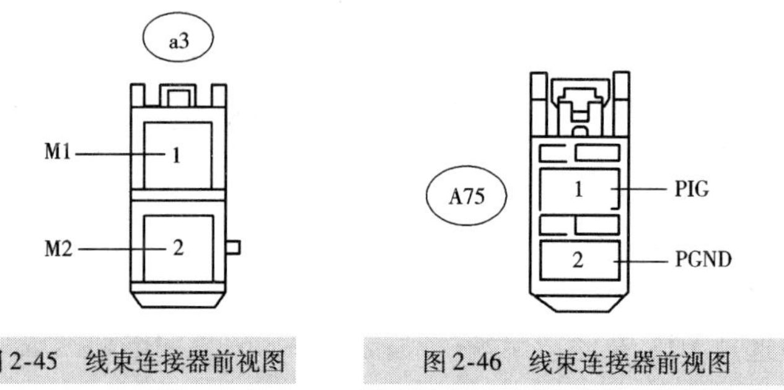

图 2-45 线束连接器前视图　　图 2-46 线束连接器前视图

6 记录与分析(表 2-5)

卡罗拉轿车电动机电路故障检修作业记录单(单位:V、Ω)　　表 2-5

姓名		班级		学号		组别	
车型		发动机编号		作业单号		作业日期	
检修项目及维修方法							
检测项目				检查结果			
转向盘不转动时,Motor Actual Current 输出值							
转向盘不转动时,Command Value Current 输出值							
车辆停止,转向盘向右转动时,Motor Actual Current 输出值							
车辆停止,转向盘向右转动时,Command Value Current 输出值							

续上表

检测项目	检查结果
车辆停止，转向盘向左转动时，Motor Actual Current 输出值	
车辆停止，转向盘向左转动时，Command Value Current 输出值	
A75-1 和车身搭铁之间电压	
转向盘向右转时 a3-1 和 A75-2 间的电压	
转向盘向右转时 a3-2 和 A75-2 间的电压	
转向盘向左转时 a3-1 和 A75-2 间的电压	
转向盘向左转时 a3-2 和 A75-2 间的电压	
a3-1 和 a3-2 之间电阻	
a3-1 和车身搭铁之间电阻	
a3-2 和车身搭铁之间电阻	
A75-2 和车身搭铁之间电阻	
处理意见	
制订修理方法	

三、学习评价

1 理论考核

1）分析题

（1）简述齿轮齿条转向器检修方法。

（2）简述齿轮齿条动力转向器检修方法。

（3）简述液压动力转向系统车上检查方法。

（4）简述液压动力转向系统转向沉重故障排除方法。

（5）简述电动动力转向系统转向困难故障原因。

2）判断题

（1）转向油泵皮带过紧时，会使皮带发出“嘶嘶”的啸叫声。（　　）

（2）转向器装配过松或间隙过大；各转向传动机构连接松动或磨损松旷等造成前轮摇摆。（　　）

（3）拆卸分解齿轮齿条式机械转向器时，应在转向齿条端头与横拉杆连接处打上安装标记。（　　）

（4）力矩传感器发生故障，对转向影响不大。（　　）

（5）汽车转向盘单边转向不足的现象是汽车左右转向时，一边转向半径大，一边转向半

径小。 (　　)

3)选择题

(1)以下原因不会造成P/S警告灯一直亮的原因是(　　)。

A. 动力转向ECU电源电压故障　　B. 动力转向ECU故障

C. 前轮定位错误　　D. EPS警告灯电路故障

(2)液压动力转向系统渗入空气会引起(　　)故障。

A. 转向沉重　　B. 前轮摆动　　C. 转向油泵产生噪声　　D. 转向发飘

(3)汽车转向时,转动转向盘感到沉重费力,可能是转向传动机构的(　　)。

A. 各球销装配过紧或缺油　　B. 转向节臂过长

C. 转向器缺油　　D. 前稳定杆变形

(4)转向系的转向拉杆的球头销与球头座配合过紧会造成(　　)故障。

A. 转向盘自由转动量过大　　B. 自动跑偏　　C. 前轮摆振

(5)液压动力转向系统排空气的程序为(　　)。

A. 架起转向桥,使发动机怠速运转,同时反复向左、向右转动转向盘到极限位置,直至储油箱内泡沫冒出并消除乳化现象

B. 在车辆不起动的状态下,同时反复向左、向右转动转向盘到极限位置,直至储油箱内泡沫冒出并消除乳化现象

C. 将车辆停放在平坦的地面上,发动机怠速运转,同时反复向左、向右转动转向盘到极限位置,直至储油箱内泡沫冒出并消除乳化现象

2 技能考核

项目1的评分表见表2-6。

卡罗拉轿车转向不灵敏故障检测与修复项目评分表　　表2-6

<table>
<tr><td rowspan="2">基本信息</td><td>姓名</td><td></td><td>学号</td><td></td><td>班级</td><td></td><td>组别</td><td></td></tr>
<tr><td>规定时间</td><td></td><td>完成时间</td><td></td><td>考核日期</td><td></td><td>总评成绩</td><td></td></tr>
<tr><td rowspan="8">任务工单</td><td rowspan="2">序号</td><td colspan="3" rowspan="2">步骤</td><td colspan="2">完成情况</td><td rowspan="2">标准分</td><td rowspan="2">评分</td></tr>
<tr><td>完成</td><td>未完成</td></tr>
<tr><td>1</td><td colspan="3">准备工具和量具</td><td></td><td></td><td>5</td><td></td></tr>
<tr><td>2</td><td colspan="3">正确使用工具、量具</td><td></td><td></td><td>10</td><td></td></tr>
<tr><td>3</td><td colspan="3">拆装步骤</td><td></td><td></td><td>10</td><td></td></tr>
<tr><td>4</td><td colspan="3">检查步骤和方法</td><td></td><td></td><td>20</td><td></td></tr>
<tr><td>5</td><td colspan="3">确定修复方法</td><td></td><td></td><td>15</td><td></td></tr>
<tr><td>6</td><td colspan="3">操作规范</td><td></td><td></td><td>10</td><td></td></tr>
<tr><td colspan="2">安全</td><td colspan="5"></td><td>5</td><td></td></tr>
<tr><td colspan="2">5S</td><td colspan="5"></td><td>5</td><td></td></tr>
<tr><td colspan="2">沟通表达</td><td colspan="5"></td><td>5</td><td></td></tr>
<tr><td colspan="2">工单填写</td><td colspan="5"></td><td>5</td><td></td></tr>
<tr><td colspan="2">工艺制订</td><td colspan="5"></td><td>10</td><td></td></tr>
</table>

项目2的评分表见表2-7。

卡罗拉轿车力矩传感器电路故障检测与修复项目评分表　　表2-7

<table>
<tr><td rowspan="2">基本信息</td><td>姓名</td><td></td><td>学号</td><td></td><td>班级</td><td></td><td>组别</td><td></td></tr>
<tr><td>规定时间</td><td></td><td>完成时间</td><td></td><td>考核日期</td><td></td><td>总评成绩</td><td></td></tr>
<tr><td rowspan="8">任务工单</td><td rowspan="2">序号</td><td colspan="3" rowspan="2">步骤</td><td colspan="2">完成情况</td><td rowspan="2">标准分</td><td rowspan="2">评分</td></tr>
<tr><td>完成</td><td>未完成</td></tr>
<tr><td>1</td><td colspan="3">考核准备：
准备工具和检测仪器</td><td></td><td></td><td>5</td><td></td></tr>
<tr><td>2</td><td colspan="3">仪器使用</td><td></td><td></td><td>10</td><td></td></tr>
<tr><td>3</td><td colspan="3">电路图使用</td><td></td><td></td><td>5</td><td></td></tr>
<tr><td>4</td><td colspan="3">测量方法</td><td></td><td></td><td>20</td><td></td></tr>
<tr><td>5</td><td colspan="3">测量值判断</td><td></td><td></td><td>15</td><td></td></tr>
<tr><td>6</td><td colspan="3">确定修复方法</td><td></td><td></td><td>15</td><td></td></tr>
<tr><td colspan="2">安全</td><td colspan="5"></td><td>5</td><td></td></tr>
<tr><td colspan="2">5S</td><td colspan="5"></td><td>5</td><td></td></tr>
<tr><td colspan="2">沟通表达</td><td colspan="5"></td><td>5</td><td></td></tr>
<tr><td colspan="2">工单填写</td><td colspan="5"></td><td>5</td><td></td></tr>
<tr><td colspan="2">工艺制订</td><td colspan="5"></td><td>10</td><td></td></tr>
</table>

项目3的评分表见表2-8。

卡罗拉轿车电动机电路故障检测与修复项目评分表　　表2-8

<table>
<tr><td rowspan="2">基本信息</td><td>姓名</td><td></td><td>学号</td><td></td><td>班级</td><td></td><td>组别</td><td></td></tr>
<tr><td>规定时间</td><td></td><td>完成时间</td><td></td><td>考核日期</td><td></td><td>总评成绩</td><td></td></tr>
<tr><td rowspan="8">任务工单</td><td rowspan="2">序号</td><td colspan="3" rowspan="2">步骤</td><td colspan="2">完成情况</td><td rowspan="2">标准分</td><td rowspan="2">评分</td></tr>
<tr><td>完成</td><td>未完成</td></tr>
<tr><td>1</td><td colspan="3">考核准备：
准备工具和检测仪器</td><td></td><td></td><td>5</td><td></td></tr>
<tr><td>2</td><td colspan="3">仪器使用</td><td></td><td></td><td>10</td><td></td></tr>
<tr><td>3</td><td colspan="3">电路图使用</td><td></td><td></td><td>5</td><td></td></tr>
<tr><td>4</td><td colspan="3">测量方法</td><td></td><td></td><td>20</td><td></td></tr>
<tr><td>5</td><td colspan="3">测量值判断</td><td></td><td></td><td>15</td><td></td></tr>
<tr><td>6</td><td colspan="3">确定修复方法</td><td></td><td></td><td>15</td><td></td></tr>
<tr><td colspan="2">安全</td><td colspan="5"></td><td>5</td><td></td></tr>
<tr><td colspan="2">5S</td><td colspan="5"></td><td>5</td><td></td></tr>
<tr><td colspan="2">沟通表达</td><td colspan="5"></td><td>5</td><td></td></tr>
<tr><td colspan="2">工单填写</td><td colspan="5"></td><td>5</td><td></td></tr>
<tr><td colspan="2">工艺制订</td><td colspan="5"></td><td>10</td><td></td></tr>
</table>

学习任务3　检测诊断与排除制动系故障

工作情境描述

某丰田汽车维修站接到一辆威驰轿车，该车已经行驶6万多km，根据车主反映，在汽车制动时，感到制动力不足，汽车制动时制动距离太长。

请通过检测上述制动系统各总成，判断具体故障部位；若需要修复该故障，请制订修复方法和工艺流程。

学习目标

通过本任务的学习，应能：

1. 叙述丰田威驰轿车制动系统的结构特点；
2. 描述制动系统常见故障，分析故障原因；
3. 描述制动系常见故障的检测与修复方法，判定故障部位；
4. 根据维修手册，完成对制动主缸、真空助力器、制动器和驻车制动器进行检查、调整、修复和更换作业。

学习时间

18学时。

学习引导

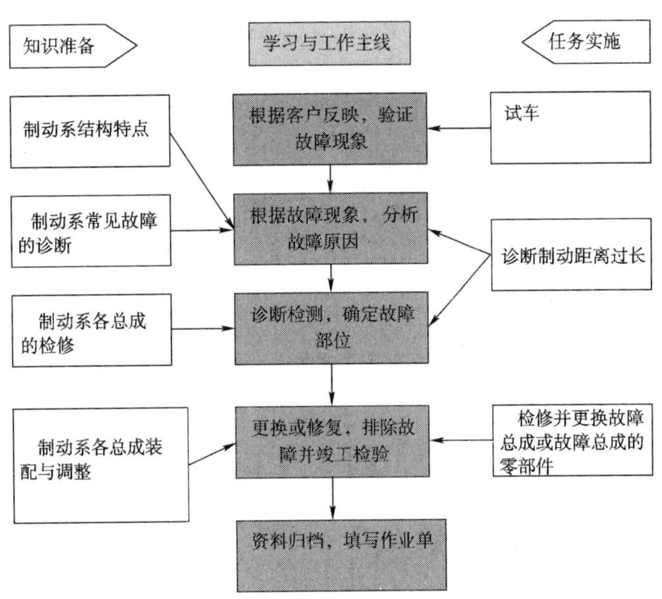

一、知识准备

(一)丰田威驰轿车制动系统的结构特点

丰田威驰轿车制动系统采用的是液压制动系，其主要由制动踏板总成、真空助力器、制动主缸、制动管路、制动器和驻车制动系统等组成。

制动踏板总成如图3-1所示，主要包括制动踏板、制动灯开关、制动踏板支架、制动踏板轴等组成。

真空助力器内部需要的真空是通过真空软管取自发动机进气歧管，主要由壳体、膜片、空气阀、真空阀、真空止回阀和助力器推杆等组成，如图3-2所示。

制动主缸为串联双腔式，配合双回路液压制动系统使用，主要由泵体、1号活塞、2号活塞以及储液罐等组成，如图3-3所示。

前轮采用的是盘式制动器(图3-4)，后轮采用的是鼓式制动器(图3-5)。盘式制动器主要由制动盘、制动卡钳、制动卡钳支架、制动轮缸和制动块等组成。鼓式制动器主要由制动鼓、制动蹄、制动轮缸、制动背板和复位弹簧等组成。

丰田威驰轿车的驻车制动系统与后轮的鼓式制动器共用一个制动器总成，如图3-5所示，传动机构是相互独立的，驻车制动系统主要包括驻车制动拉杆、驻车制动拉索和驻车制动蹄片支柱等。

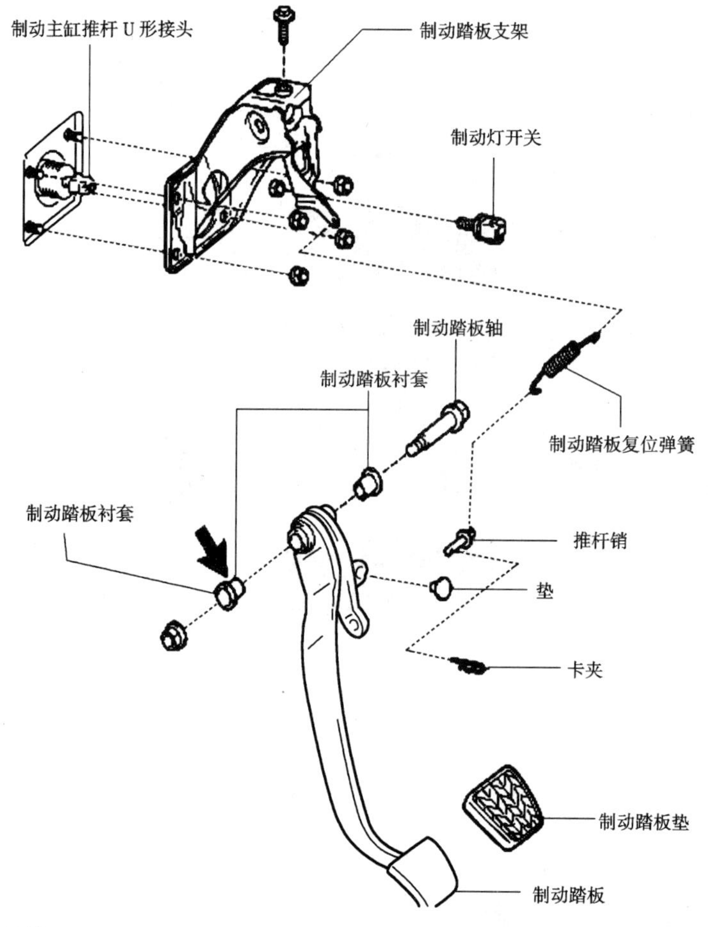

图 3-1　制动踏板示意图

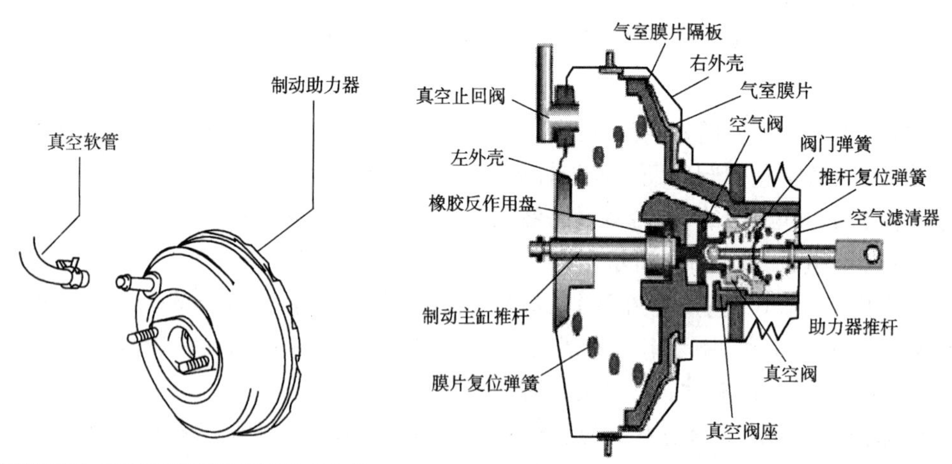

图 3-2　真空助力器示意图

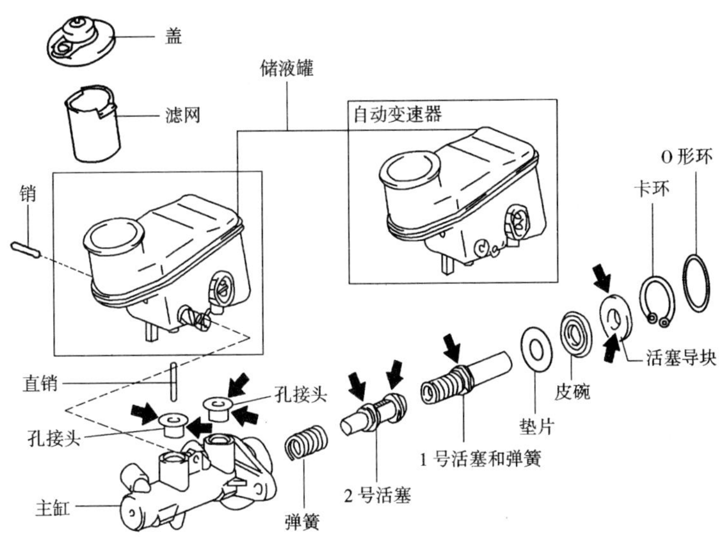

图 3-3 制动主缸示意图

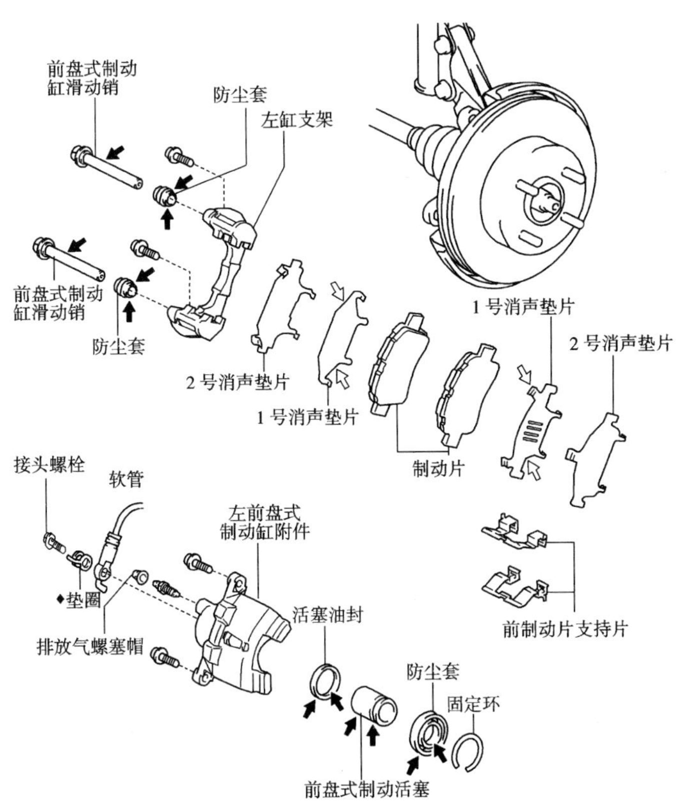

图 3-4 前轮盘式制动器示意图

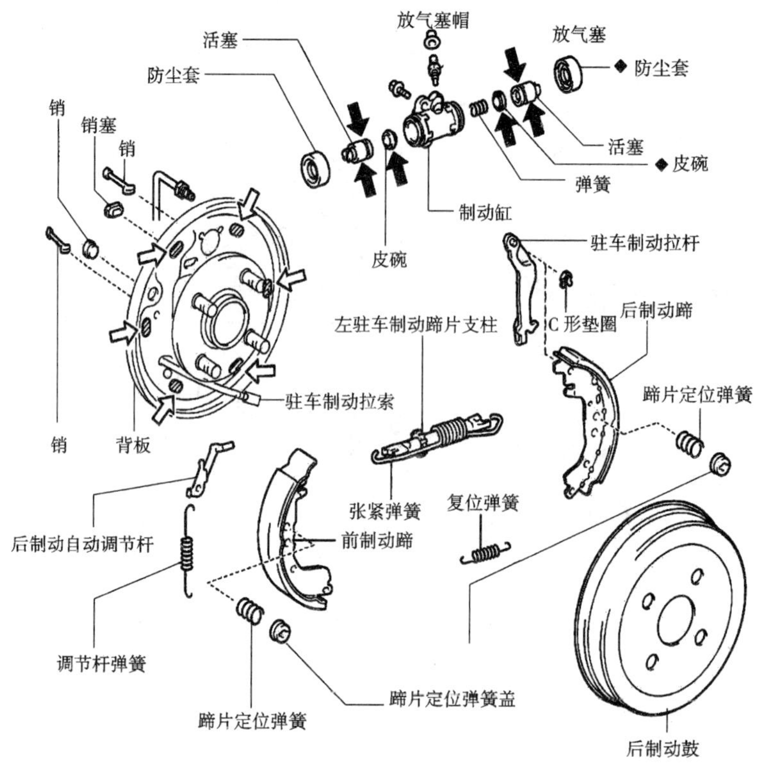

图3-5　后轮鼓式制动器示意图

(二)汽车制动系各总成的检修方法

1　液压制动传动装置的维修

1)制动踏板调整

轿车的制动器均采用带有真空助力的液压系统,制动踏板调整包括踏板自由高度的调整、自由行程的调整和剩余高度的调整等。

(1)制动踏板自由高度的调整。

制动踏板的自由高度为解除制动时踏板的高度,其测量基准为去除驾驶室内地毯等覆盖后的车厢底板。揭开踏板下的地板覆盖物,测量踏板高度。如高度与该车型的原设计规定不符,应进行调整。首先,拆下制动灯导线,拧松制动灯开关锁紧螺母,视调整要求将制动灯开关旋进或旋出。用直尺测量踏板高度,直到调整至标准值为止。其次,锁紧制动灯锁紧螺母。检查制动灯开关与踏板的接触情况,应确保制动灯熄灭。调整踏板自由高度后,必须按下述步骤调整踏板的自由行程。因为踏板位置移动后,推杆的长度没变,会使踏板自由行程变化。

(2)制动踏板自由行程的调整。

在发动机不工作的状态下,反复踩制动踏板多次,将真空助力器内的残余真空释放。用手轻推踏板,直至感到有阻力为止,此位置与踏板自由高度之差即为踏板自由行程。如踏板自由行程超过规定,可拧松推杆的锁紧螺母,转动推杆调整至符合规定为止。拧紧锁紧螺母,复查自由行程是否正确。

复查踏板自由高度,检查制动灯是否能正常工作。

(3)制动踏板剩余高度的检查。

用掩木塞在前后轮下,松开驻车制动器,起动发动机运转2min。用490N的力踩下制动踏板,测量此时踏板至地板之间的距离,即为踏板的剩余高度。如踏板的剩余高度低于该车型的标准值,说明制动器蹄鼓间隙过大,应按车轮制动器有关内容进行蹄鼓间隙的调整。

2)制动主缸和轮缸的检修

(1)总成解体时,应注意制动主缸缸体外部有无渗漏处。如有裂纹或气孔,应更换。

(2)检查缸筒内表面,允许内表面有轻微变色。若有划痕、阶梯形磨损或锈蚀现象应换新。制动主缸的圆柱度误差值超过0.02mm,主缸与活塞的配合间隙大于0.15mm时,应更换加大尺寸的活塞或更换壳体。

(3)复位弹簧的弹力必须符合该车型的使用要求,否则应换新。

(4)大修时,必须更换活塞和所有橡胶密封件。

3)真空助力器的检修

真空助力器的检验:

真空助力器的检查方法有就车检验法和仪表检验法两种。就车检验法作为一种定性检查,操作简便。仪表检验则是一种定量检测,它通过测试在不同真空度下各种踏板力对应的制动压力与原厂标准比较,以确定其性能。下面介绍就车检验法:

(1)发动机熄火后,踩几次制动踏板,消除助力器内原有的真空。踩下踏板(处于工作行程范围)并保持不起动发动机,制动踏板应能稍向下移动。

(2)发动机运转数分钟后熄火,用同样的力量踩下踏板数次,踏板的剩余高度应一次比一次升高。

(3)在发动机运转时,踩下制动踏板不动,将发动机熄火。在30s内,踏板高度不允许下降。

真空助力器的检修:

目前轿车采用的真空助力器有可拆卸式及不可拆卸式两种。国产上海桑塔纳轿车、一汽奥迪轿车及一汽丰田轿车的真空助力器均为不可拆卸式结构。

不可拆卸式的真空助力器应在专门台架上进行总成的性能试验,损坏则更换。对可拆卸式的真空助力器,可用如图3-6所示的专用工具拆卸检修。

拆卸前,应在前后壳体上做好标记,以便装配。真空助力器的主要损伤是密封不良和膜片破裂。因此,解体后的修理主要是更换壳体上的密封件、膜片及检验单向阀。单向阀可用嘴从其两侧吹吸来检验,必要时换新。

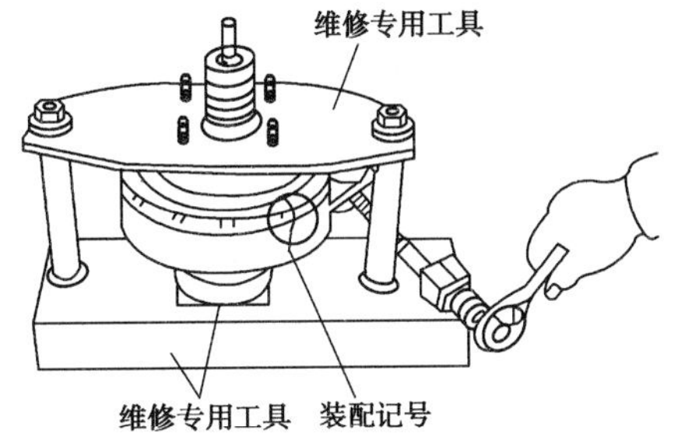

图3-6 真空助力器的拆装

装配时,在膜片与壳体之间及所有运动零件表面涂以专用润滑脂(装于配件包装内),按装配标记进行。装配后，应按原车型技术条件的要求调整制动主缸活塞推杆的长度。

2 鼓式车轮制动器的检修

1）制动鼓

制动鼓的常见损伤主要是工作表面的磨损、变形和裂纹。

（1）制动鼓不得有任何性质的裂纹，否则换新。

（2）制动鼓内圆柱面的圆度误差不得大于0.15mm，圆柱度误差不得大于0.05mm，直径不得超过维修手册规定的极限值。

（3）制动鼓内圆工作表面对旋转轴线的径向全跳动误差不得大于0.10mm。制动鼓圆度、圆柱度、径向全跳动误差超过规定时，应对制动鼓进行镗削。镗削后的制动鼓内径不得超过极限值，同轴两侧制动鼓的直径差应小于1mm。

镗削制动鼓内圆表面，应在专用的制动鼓镗削机上进行。将制动鼓装在轮毂上，以轮毂内外轴承外座圈内锥面的公共轴线为基准配镗。因此，镗削前应检查两轴承内锥面的滚道有无斑点、剥落、松旷，轮毂承孔有无损伤等，若需更换轴承，应在轴承更换以后再进行镗削。

2）制动蹄

制动蹄的常见损伤形式为摩擦片磨损、龟裂、制动蹄支撑孔的磨损等。

（1）制动蹄不得有裂纹和变形，支撑销孔与支撑销的配合应符合原设计规定。

（2）制动蹄衬片的磨损不得超过规定值。当铆钉头的沉入量小于0.5mm时，衬片龟裂和严重油污时，应更换衬片。衬片与制动蹄应严密贴合。不得垫入石棉垫以免影响摩擦热的散失，其局部最大的缝隙不得超过0.10mm。制动蹄衬片采用黏结方式的，当衬片的磨损量超过规定值时，应更换新的制动蹄组件，或在原蹄上用树脂黏结新摩擦衬片修复。

（3）制动蹄片修复后，应修整制动蹄衬片与制动鼓的初始贴合面积。对于领从蹄式制动蹄，初始贴合面积为60%，对于双领蹄式制动蹄，初始贴合面积不小于75%；且制动蹄与制动鼓的接触印迹应两端重，中间轻，即通常说的“吃两头，靠中间”，如不符合要求时，应进行修整。最后，在制动蹄衬片的两端加工出较大的倒角，以免蹄片卡滞，影响制动蹄的贴合。

（4）制动蹄复位弹簧相邻两圈的间隙大于0.10mm，说明弹力衰退应换新。两端拉钩断裂后，不许重新弯钩继续使用。否则，将会引起两侧车轮制动器拖滞，特别是微型汽车对复位弹簧的弹力差异过大所引起的制动跑偏和制动甩尾尤为敏感。因此，制动蹄复位弹簧的弹力衰退或断裂，必须更换。

3）鼓式车轮制动器的调整

车轮制动器的调整，有局部调整和全面调整两种。局部调整只需调整制动蹄的张开端，通常用于车辆在运行过程中因蹄鼓的间隙变大而进行的调整。全面调整需同时调整制动蹄片两端（张开端和支撑端）的位置，通常用于更换制动蹄衬片或镗削制动鼓后，为保证制动蹄与制动鼓的正确接触而进行的调整。对于不设置固定端的自动增力式车轮制动器而言，无全面调整和局部调整之分。

其局部调整的步骤如下：

(1)顶起车轮,一边转动车轮,一边向外转动调整凸轮螺栓,直至制动蹄压紧制动鼓为止。转动车轮时,应有一定的方向,即调整前轮两蹄和后轮的前制动蹄时,向前转动车轮;调整后轮后制动蹄时向后转动车轮。

(2)向内转动调整凸轮螺栓,直至车轮能自由转动而制动蹄与制动鼓不碰擦。

(3)用同样的方法调整其他调整凸轮螺栓。

(4)用厚薄规检查蹄鼓间隙应符合规定。

全面调整的方法如下:

(1)按局部调整的方法转动调整凸轮螺栓至制动鼓不能转动为止。

(2)向能够转动支撑销的方向转动支撑销。

(3)重复上述的(1)、(2)两步骤,直至调整凸轮螺栓与支撑销均不能转动为止。

(4)锁紧支撑销后,向内转动调整凸轮螺栓,直至车轮能自由转动且制动蹄与制动鼓不碰擦。

(5)用检视孔用厚薄规测量蹄鼓间隙。支撑销端为0.15mm,张开端为0.3mm。

(6)用同样方法调整其余制动器。

3　盘式车轮制动器的检修

1)制动盘

(1)制动盘不得有裂纹,否则应更换。

(2)制动盘的工作表面有轻微锈斑、划痕和沟槽,可用砂磨清除。

(3)制动盘的工作表面如有严重磨损或划痕时,可进行车削。但车削后的极限值,应不小于原厂的规定,如桑塔纳2000Gsi标准厚度为20mm,磨损极限为17.8mm;一汽奥迪标准厚度为22mm,磨损极限为20mm。车削后的制动盘端面,应在距制动盘外缘10mm处测量端面圆跳动,其误差应不大0.1mm。否则,将会引起故障,降低制动效能。

2)制动块

浮钳盘式制动器的制动块总成的摩擦块与摩擦块背板均采用黏结方式连接,为一次性使用件。如有损坏或摩擦块的厚度小于极限值时(如桑塔纳2000Gsi制动块总厚度低于7mm时),应更换新的制动块总成。

在许多车辆上采用了报警装置,当摩擦块磨损至一定程度时,报警簧片与旋转的制动盘接触,就会发出尖叫声。簧片与制动盘的接触不会对制动盘造成损伤。但是如果继续使用,摩擦块过度磨损至摩擦块背板露出,就会损伤制动盘。因此,当簧片发出尖叫声,应及时更换制动块。

3)盘式制动器的装配

由于新制动块总成比旧件的厚度大,在装配制动块前就应将制动钳的活塞推回一定距离。为减小推压活塞复位时的阻力,可将制动钳上的放气螺钉拧开。

组装时,应注意润滑制动钳的滑轨或滑销。装配后,在踩下几次制动踏板后,检查制动盘的运转是否有较大阻力。

浮钳式车轮制动器的间隙可自动调整,所以在维修中,没有制动间隙调整的作业项目。

4 驻车制动器的维修

(1)检查驻车制动行程是否正常,如果不正常,则进行调整。
(2)检查驻车制动是否有拖滞,如果有拖滞,则进行调整。
(3)检查驻车制动警告灯是否正常点亮。

(三)汽车制动系常见故障的诊断

汽车制动系的常见故障有制动不灵、制动失效、制动跑偏和制动拖滞等。

1 制动不灵

故障现象:汽车制动时,驾驶员感到减速度不足;汽车紧急制动时,制动距离太长。

1)故障原因

(1)制动主缸、轮缸、管路或管接头漏油。
(2)主缸储液室(罐)存油不足或无油。
(3)制动液变质(变稀或变稠)或管路内壁积垢太厚。
(4)制动液中有空气。
(5)主缸、轮缸皮碗、活塞或缸筒磨损过度。
(6)主缸进油孔、补偿孔或储液室(罐)通气孔堵塞。
(7)主缸出油阀、回油阀不密封;活塞复位弹簧预紧力太小;活塞前端贯通小孔堵塞或主缸皮碗发黏、膨胀。
(8)轮缸皮碗发黏、膨胀。
(9)增压器或助力器效能不佳或失效。
(10)油管凹瘪或软管内孔不畅通。
(11)制动踏板自由行程太大。
(12)制动蹄摩擦片与制动鼓(盘)贴合面不佳或制动间隙调整不当。
(13)制动蹄摩擦片品质欠佳或使用中表面硬化、烧焦、油污及铆钉头露出。
(14)制动鼓磨损过度或制动时变形。
(15)制动油管工作时胀大。

2)诊断与排除

(1)踩下制动踏板若踏板位置太低,则连续两次或几次踩踏板,若其高度随之增高且制动效能好转,则应检查制动踏板自由行程及制动器间隙。

(2)维持制动时踏板的高度,若缓慢或迅速下降,说明制动管路某处破裂、接头密封不良、轮缸皮碗密封不良或主缸皮碗、皮圈密封不良等。可首先踏下制动踏板,观察有无制动液渗漏部位。若外部正常,则应检查修理主缸是否存在故障。

(3)如果连续踏几下制动踏板后,踏板高度仍过低,并且在踏第一下制动踏板后,感到主缸活塞未复位,踩下制动踏板即有主缸推杆与活塞碰击响声,则为主缸皮碗破裂或其复位弹簧太软。

(4)连续踏几次制动踏板后踏板高度稍有增高,并有弹性感,说明制动管路中渗入空气。

(5)连续踏几次制动踏板后,踏板均被踩到底,并感到踏板毫无反力,说明主缸储液室内制动液严重亏缺。

(6)连续踏几次制动踏板后踏板高度低而软,则为主缸进油孔或储液室螺塞通气孔堵塞。

(7)若踏一下或两下制动踏板,踏板高度适当,但太硬且制动效能不良,则首先要检查真空助力器的工作性能;其次检查油管是否有老化、凹瘪、制动液是否太稠;最后检查制动器各轮摩擦片驱动端与制动鼓的间隙是否小于另一端。若间隙正常,则需检查制动鼓与摩擦片表面状况。

2　制动失效

故障现象:踩下制动踏板,车辆不减速,即使连续几脚制动也无明显减速作用。

1)故障原因

(1)主缸内无制动液。

(2)主缸皮碗严重破裂或制动系有严重的泄漏之处。

(3)制动软管或金属管断裂。

(4)制动踏板至主缸的连接脱开。

2)诊断与排除

首先检查主缸储液室内制动液是否充足,若不足则观察泄漏之处。若主缸推杆防尘套处的制动液泄漏严重,多属主缸皮碗损坏,需更换皮碗。若车轮制动鼓边缘有大量制动液,则说明该轮轮缸皮碗破损,也需要更换皮碗。

3　制动跑偏

故障现象:汽车制动时,车辆行驶方向发生偏斜。

1)故障原因

汽车制动跑偏的根本原因是左右制动力不等,具体原因为:

(1)左右车轮制动蹄摩擦片与材料不一或新旧程度不一。

(2)左右车轮制动蹄摩擦片与制动鼓(盘)的接触面积、位置不一样或制动间隙不等。

(3)左右车轮轮缸的技术状况不一,造成起作用时间或张开力大小不等。

(4)左右车轮制动蹄复位弹簧拉力不一。

(5)左右车轮轮胎气压、直径、花纹或花纹深度不一。

(6)左右车轮制动鼓的厚度、直径、工作中的变形程度和工作面的粗糙度不一。

(7)单边制动管凹瘪,阻塞或漏油;单边制动管路或轮缸内有气阻。

(8)单边制动蹄与支撑销配合过紧或锈蚀。

2)诊断与排除

采用汽车路试制动,根据轮胎印迹(非 ABS 车辆或 ABS 不工作时),查明制动效能不良的车轮。可先检查该轮制动管路是否漏油、轮胎气压是否充足。若正常,则检查制动蹄与制动鼓的间隙是否符合规定,否则予以调整。如仍无效,可检查轮缸内是否渗入空气,若无渗入空气,则应拆下制动鼓,按原因逐一检查制动器各件。若各轮拖印基本符合要求,但制动仍跑偏,说明故障不在制动系,应检查车架和前轴的技术状况。

4 制动拖滞

故障现象:抬起制动踏板后,全部或个别车轮的制动作用不能立即完全解除,以致影响了车辆重新起步,加速行使或滑行。

1)故障原因

(1)制动踏板无自由行程。

(2)制动踏板与其轴的配合缺油、锈污或踏板复位弹簧脱落、拉断及拉力太小等。

(3)主缸活塞复位弹簧折断或顶紧力太小;皮碗变长或皮碗膨胀、发黏;补偿孔被污物堵塞。

(4)轮缸皮碗膨胀、发黏或活塞卡滞。

(5)制动蹄复位弹簧脱落、折断或弹力下降。

(6)制动蹄与支撑销锈污。

(7)制动蹄与制动鼓(盘)的间隙调整不当,制动放松后仍局部摩擦。

(8)通往各轮缸的油管凹瘪或堵塞。

(9)不制动时增压器辅助缸活塞中心孔打不开。

(10)轮毂轴承松旷。

2)诊断与排除

先判断故障是在主缸还是车轮制动器。行车中出现拖滞,若所有制动鼓均过热,表明主缸有故障。若个别制动鼓过热,则属于该轮制动器工作不良。维修作业后出现制动拖滞,可将汽车举升,变速器置于空挡并放松驻车制动,然后转动各车轮再踏下制动踏板。若抬起制动踏板后,各轮均难以立即扳转,则故障在主缸,如个别轮不能立即转动,说明该轮制动器有故障。

(1)若故障在主缸时,应先检查踏板自由行程。若自由行程正常,可拆下主缸储液盖,踩踏制动踏板,观察回油情况,如不回油,为回油孔堵塞。如回油缓慢,可检查制动液是否太脏、黏度过大。如制动液清澈,则应拆检主缸。

(2)个别车轮制动器拖滞,可架起该车轮,旋松其轮缸放气螺钉,如制动液随之急速喷出且车轮即刻旋转自如,说明该轮制动管路堵塞,轮缸未能回油。如旋转车轮仍拖滞,可检查制动间隙。如上述均正常,则检修轮缸。

二、任 务 实 施

项目1 丰田威驰轿车制动液泄漏,制动警告灯点亮,检修制动主缸

1 项目说明

一汽丰田威驰轿车的制动主缸是汽车液压制动系统的核心,制动时驾驶员踩踏板的力通过制动主缸的作用转换成制动液的压力,主缸部件的损坏会引起制动管路中液体压力的

异常变化,从而导致汽车的制动性能下降,因此应按技术标准对制动主缸及管路进行检测,并制订修复方法。

2　技术标准与要求

(1)每个学员独立完成此项目。
(2)技术标准。
制动管路与制动主缸固定螺栓拧紧力矩:15N·m;
制动主缸与真空助力器固定螺栓拧紧力矩:13N·m;
制动助力推杆到主缸活塞的间隙:0.7mm。

3　设备器材

(1)一汽丰田威驰轿车;
(2)丰田专用工具09023—00100 10mm;
(3)丰田专用工具09737—000010;
(4)丰田专用工具09737—00020;
(5)常用汽车维修工具、量具;
(6)刷子;
(7)手电筒等。

4　作业准备

(1)准备好威驰轿车。
(2)清洁调整工量具。
(3)准备作业单。

5　操作步骤

1)制动管路的检查
检查制动管路是否漏油,是否有凸起、压痕等,如果出现上述现象则更换制动管路。
2)制动主缸的拆检
(1)制动主缸的拆卸。
①安装汽车防护翼子板布和前格栅布;
②用注油器吸出储液罐中的制动液,如图3-7所示;
提示:注意在制动主缸的下方放置抹布,以免制动液滴到零部件上并腐蚀零部件表面。
③使用管接头扳手松开与制动主缸连接的制动管路,并从真空助力器上拆下制动主缸,如图3-8所示。
(2)制动主缸的分解检查。
①拆下储液罐;
②在虎钳上放置铝板,固定住主缸,用手将活塞向内推到底,拆下限位螺栓,如图3-9所示;

③用手将活塞向内推并用卡环钳拆下卡环,如图 3-10 所示;

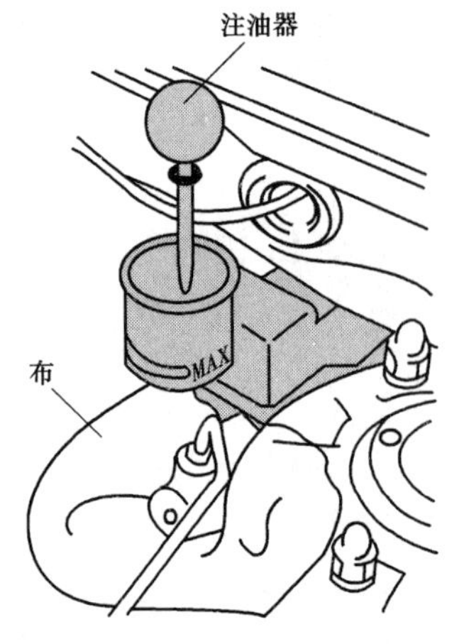

图 3-7　排空制动液

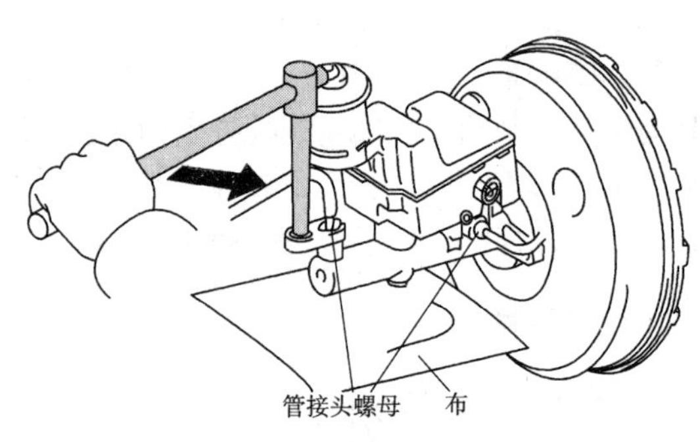

图 3-8　松开制动管路

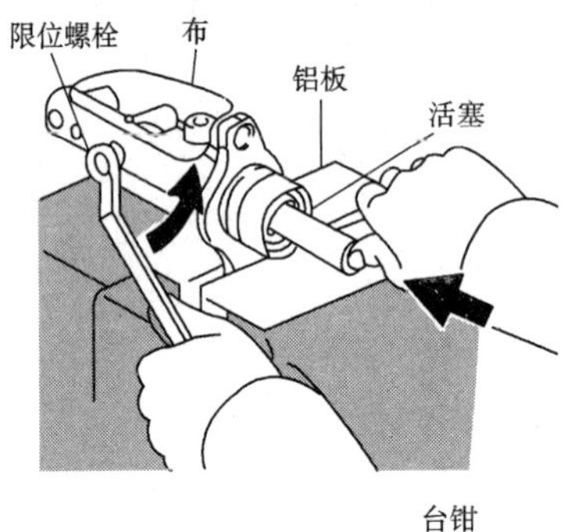

图 3-9　拆下限位螺栓

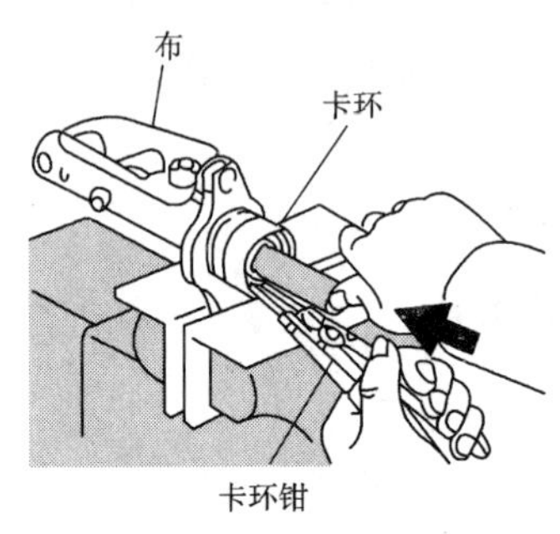

图 3-10　拆下卡环

④水平地拉出第一活塞,如图 3-11 所示;

⑤在工作台上放置两块等高的垫块,并在垫块上放一块布,然后对着木块轻轻的敲击主缸凸缘,直到第二活塞竖直的滑出主缸,如图 3-12 所示;

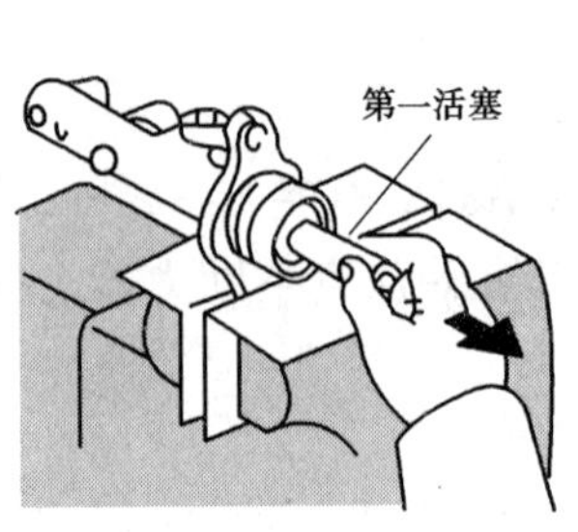

图 3-11　拆卸第一活塞

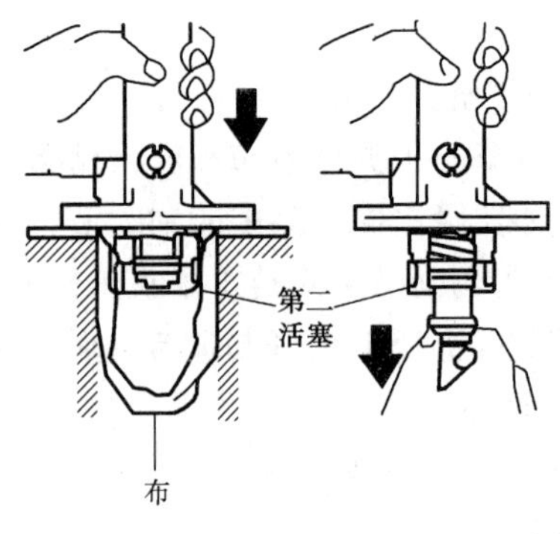

图 3-12　拆卸第二活塞

⑥用清洁的制动液清洁制动主缸，再用高压空气吹干净各零件，如图 3-13 所示；

⑦检查制动主缸内壁是否有划痕，如图 3-14 所示，如果有划痕则更换主缸。

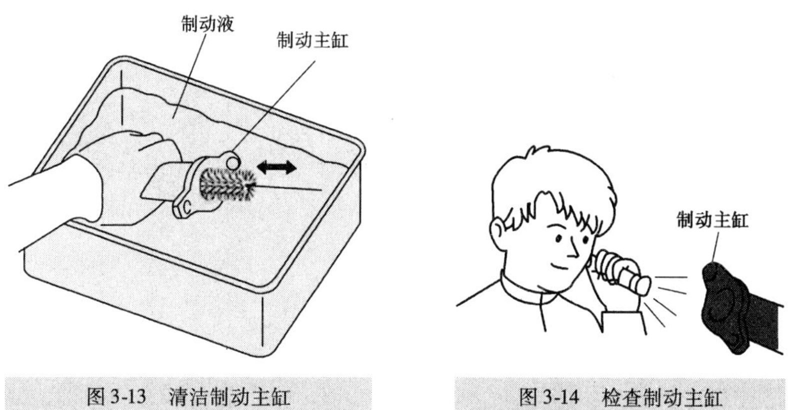

图 3-13　清洁制动主缸　　图 3-14　检查制动主缸

⑧检查皮碗是否有磨损或破裂，如果有破裂或异常磨损则更换皮碗。

⑨检查活塞弹簧是否有弯曲变形、生锈或断裂等现象，如果弯曲变形、生锈或断裂等现象则更换活塞。

(3)制动主缸的安装。

①固定制动主缸，更换新的活塞皮碗并在图示位置涂抹橡胶润滑脂，如图 3-15 所示。

②用手将活塞推到底，然后安装限位螺栓和卡环，并安装新的 O 形密封圈，如图 3-16 所示。

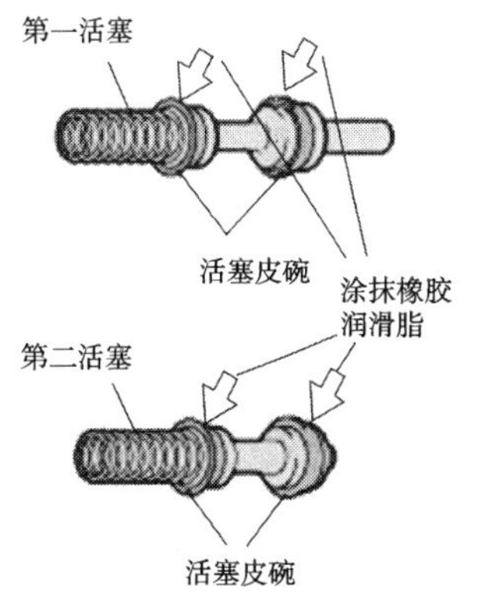

图 3-15　更换新的活塞皮碗并涂抹橡胶润滑脂

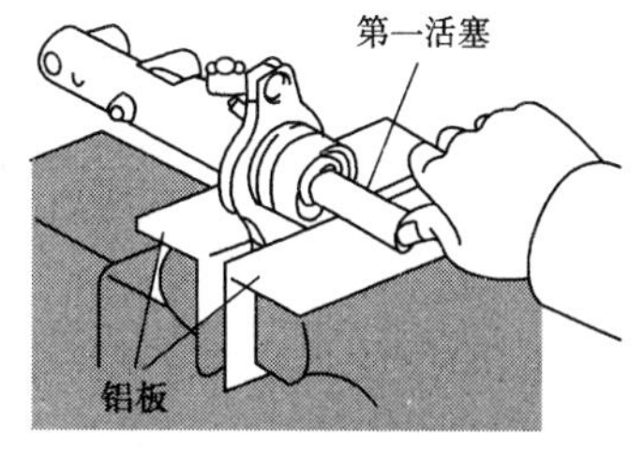

图 3-16　安装活塞

③将制动主缸装到车上。

a. 检查及调整制动助力器推杆和活塞的间隙；将丰田 SST09737—000010 专用工具固定到制动主缸上，压下销子直至其顶部轻微接触到活塞位置，如图 3-17 所示；然后翻转 SST，将其置于真空助力器上，检查真空助力器推杆和销子头部之间的间隙，并与维修手册上的标准值对比，超过标准值需要使用 SST09737—00020 调整助力器推杆位置，如图3-18所示。

b. 在制动主缸储液罐内加满制动液，并对制动主缸进行排空气；

c. 更换 O 形密封圈，将制动主缸安装到真空助力器上，并按标准力矩拧紧制动主缸固

定螺栓,如图 3-19 所示;

d. 连接制动管路,并按标准力矩拧紧,如图 3-20 所示。

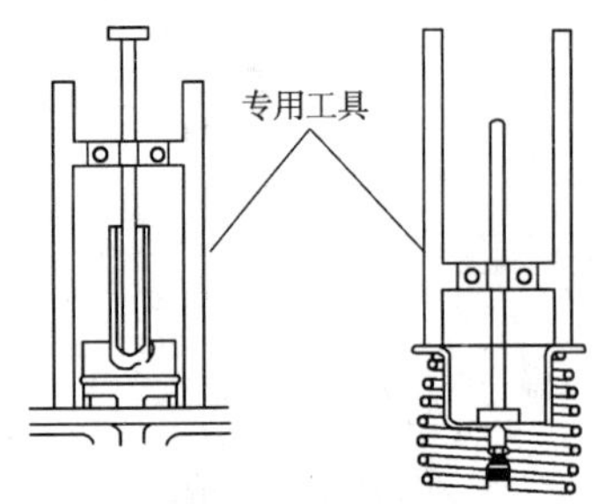

图 3-17　检查制动主缸与真空助力器推杆之间的间隙

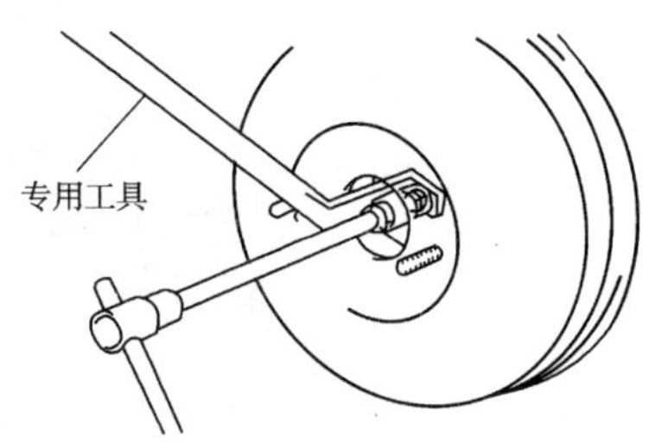

图 3-18　调整真空助力器推杆的位置

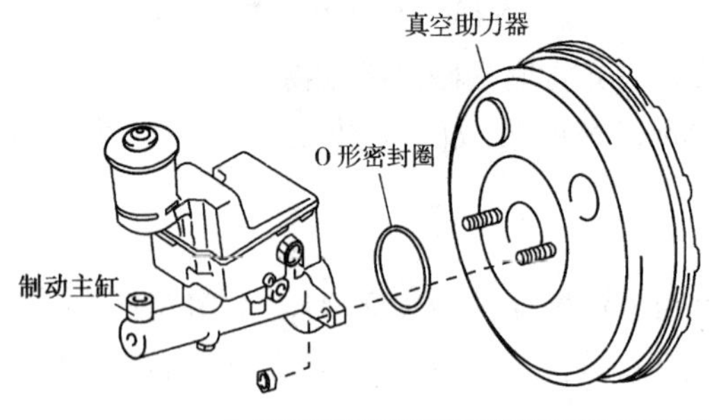

图 3-19　将制动主缸安装到真空助力器上

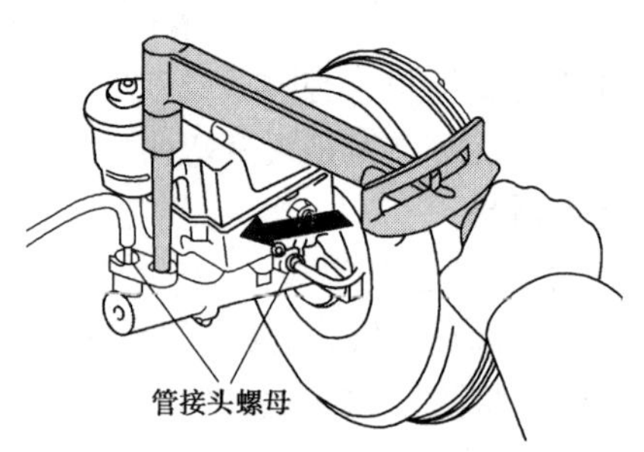

图 3-20　安装制动管路

3)整理与清洁

整理工量具和设备,清洁场地。

6　记录与分析(表 3-1)

检修制动主缸作业记录单　　表 3-1

姓名		班级		学号		组别	
车型		发动机编号		作业单号		作业日期	
检查范围				检查结果			
制动管路的检查		制动管路是否漏油					
制动主缸的检查		制动主缸内壁是否有刮痕					
		检查皮碗是否有磨损或破裂					
		检查活塞弹簧是否有弯曲变形、生锈或断裂					
处理意见							
制订修理方法							

项目2　丰田威驰轿车正常行驶制动时踏板沉重，制动助力降低，检修制动踏板及真空助力器

1　项目说明

一汽丰田威驰轿车的真空助力器的作用是将踩制动踏板的力放大，减轻驾驶员的操作强度，提高行车安全性。如果真空助力器失效，驾驶员的操作强度将大幅提高，汽车制动性能将变差，因此应按技术标准对真空助力器进行检测，并制订修复方法。

2　技术标准与要求

(1)每个学员独立完成此项目。

(2)技术标准。

制动踏板高度:124.3～134.3mm;

制动踏板自由行程:1～6mm;

制动灯开关间隙:0.5～2.4mm;

制动踏板推杆锁止螺母紧固力矩:26N·m;

制动踏板行程余量:大于55mm;

制动助力器固定螺母紧固力矩:13N·m。

3　设备器材

(1)一汽丰田威驰轿车;

(2)常用汽车维修工具、量具。

4　作业准备

(1)准备丰田威驰轿车;

(2)清洁调整工量具;

(3)准备作业单。

5　操作步骤

1)制动踏板的检查与调整

(1)检查制动踏板高度。

制动踏板高度应该在维修手册规定的范围内，如果不在范围内，则松开锁止螺母，旋入或者旋出推杆进行调整，如图3-21所示。

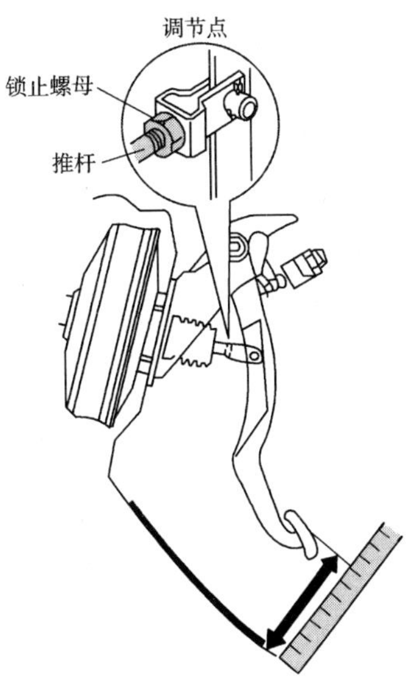

图3-21　检查制动踏板高度

(2)检查制动踏板行程余量。

松开驻车制动器，起动发动机，用490N的力踩下制动踏板，测量此时踏板高度即为行程余量。余量应该在维修手册规定的范围内，如果不在范围内，检查制动系其

他总成,如图 3-22 所示。

(3)检查制动踏板自由行程。

关闭发动机,反复踩下制动踏板多次直到真空助力器无阻力为止,踩下制动踏板直到感到有阻力为止,这一段行程就是自由行程。制动踏板自由行程应该在维修手册规定的范围内,如果不在范围内,则进行调整,如图 3-23 所示。

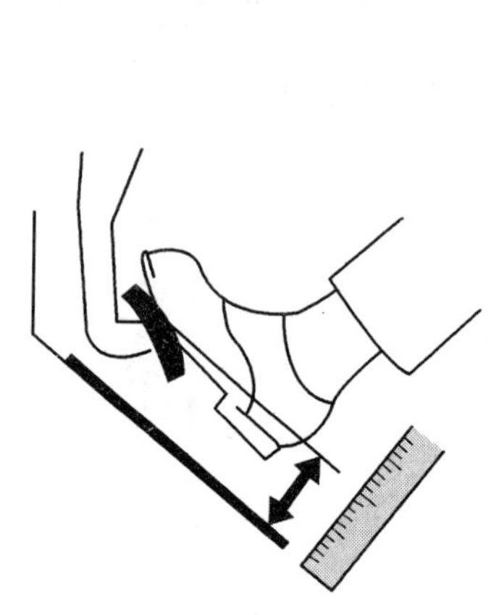

图 3-22　检查制动踏板行程余量

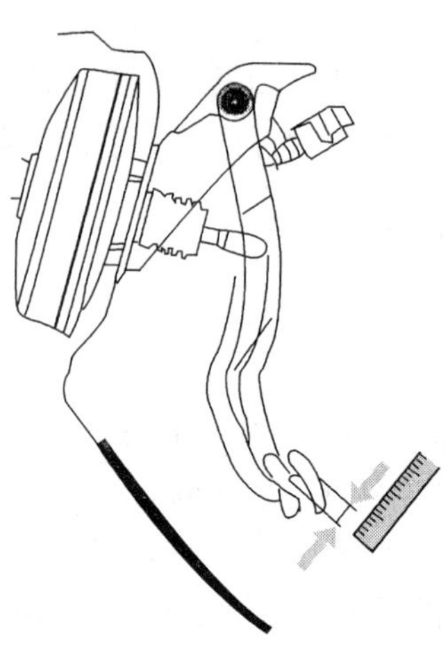

图 3-23　检查制动踏板自由行程

①拆下中控台盖板;

②松开制动灯开关锁止螺母,拆下制动灯开关,并检查制动灯间隙,间隙应该在标准值范围内。如果制动灯开关间隙正确,需检查制动系统其他总成。

2)制动助力器的检查与更换

(1)检查真空助力器的功能

起动发动机之前连续踩下制动踏板数次,踩下制动踏板并起动发动机,检查踏板是否下沉,如果下沉,则表示真空助力器起作用了;不下沉表示助力器不起作用,如图 3-24 所示。

(2)检查制动助力器的气密性,起动发动机,踩下制动踏板,发动机熄火并保持踏板踩下位置约 30s 后,如果踏板高度无变化,说明气密性良好,如图 3-25 所示。

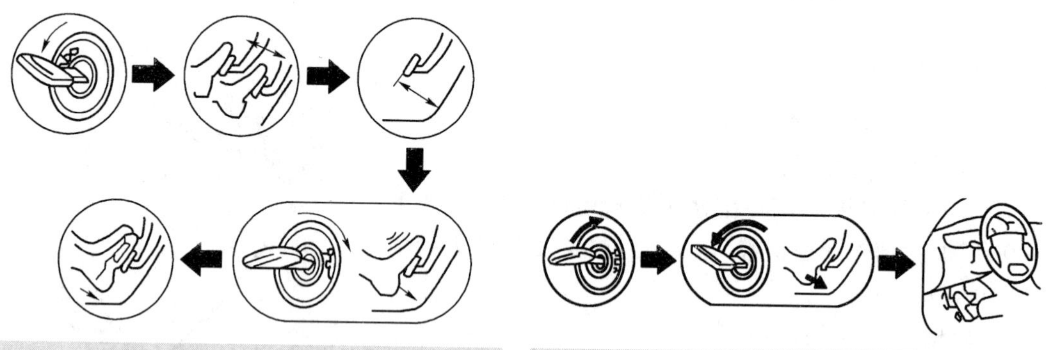

图 3-24　检查真空助力器的功能

图 3-25　检查制动助力器的气密性

(3)检查真空软管,目视真空软管是否连接正确和牢固。

(4)检查单向阀,吹压缩空气,气流应该能从真空助力器一侧流向发动机进气歧管一侧，反向不通，如果有故障更换止回阀，如图3-26所示。

(5)实车更换真空助力器。

①拆下制动主缸。

②拆下制动执行器。

③断开制动助力器的真空软管。

④拆下复位弹簧、卡夹和推杆销。

⑤拆下4个螺栓和U形夹，取出助力器和垫片，如图3-27所示。

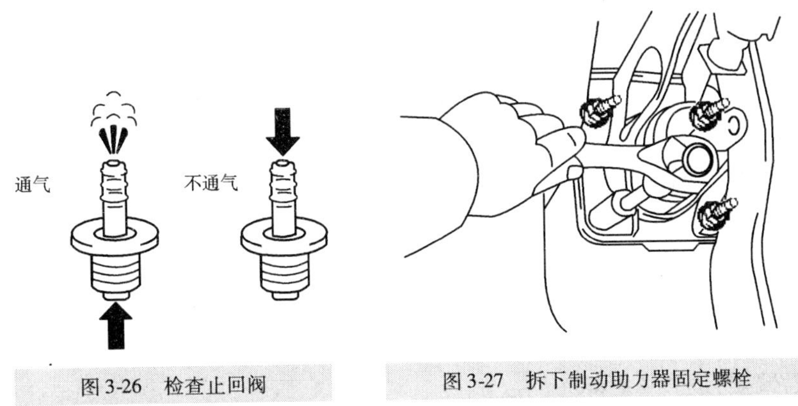

图3-26　检查止回阀　　图3-27　拆下制动助力器固定螺栓

⑥更换新的制动助力器。

⑦安装真空助力器，按照拆下的相反顺序进行。

3)整理与清洁

整理工量具和设备，清洁场地。

6　记录与分析(表3-2)

检修制动踏板及真空助力器作业记录单　　表3-2

姓名		班级		学号		组别	
车型		发动机编号		作业单号		作业日期	
检查范围				检查结果			
制动踏板的检查调整		制动踏板高度检查					
		制动踏板行程余量检查					
		制动踏板自由行程					
制动助力器的检查与更换		真空助力器功能的检查					
		真空助力器气密性的检查					
		真空管的检查					
		止回阀的检查					
处理意见							
制订修理方法							

项目3　丰田威驰轿车制动效能变低，制动报警器响起，检修制动器

1　项目说明

一汽丰田威驰轿车的制动器正常工作时能够使汽车减速直至停止，一旦制动器不能正常工作，汽车制动性能会变差，甚至完全失效，因此应按技术标准对制动器进行检测，并制订修复方法。

2　技术标准与要求

(1)每个学员独立完成此项目。
(2)技术标准。
车轮固定螺栓力矩:103N·m;
制动鼓内径:最大201.0mm;
制动蹄衬片厚度:最小1mm;
制动块衬片厚度:最小1mm;
前制动盘厚度:最小18mm;
前制动盘偏摆:最大0.05mm;
车轮螺栓固定力矩:103N·m;
制动分泵与支架:34N·m。

3　设备器材

(1)一汽丰田威驰轿车;
(2)常用汽车维修工具、量具;
(3)专用工具09023—00100。

4　作业准备

(1)准备威驰轿车;
(2)清洁调整工量具;
(3)准备作业单。

5　操作步骤

1)鼓式制动器的检修
(1)拆卸制动器。
①松开驻车制动器，举升车辆，然后按照图示顺序拆下车轮螺栓并拆下车轮，如图3-28所示;
②在制动鼓和轮毂上做标记，拆下制动鼓，如图3-29所示;
③用制动蹄复位弹簧工具拆下制动蹄复位弹簧，如图3-30所示;
④用制动蹄弹簧拆装专用工具拆下制动蹄压紧弹簧，如图3-31所示;

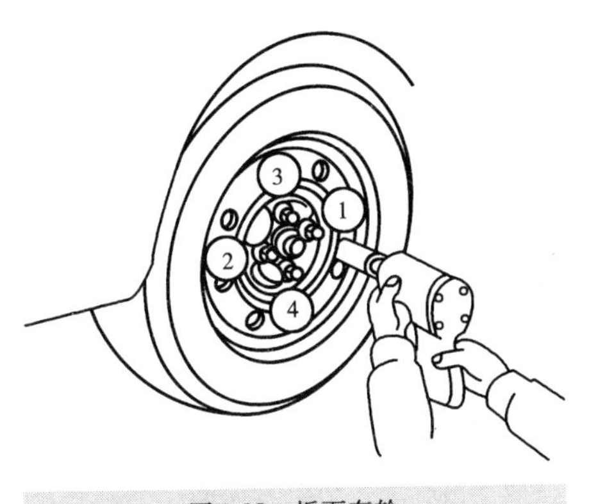

图3-28 拆下车轮

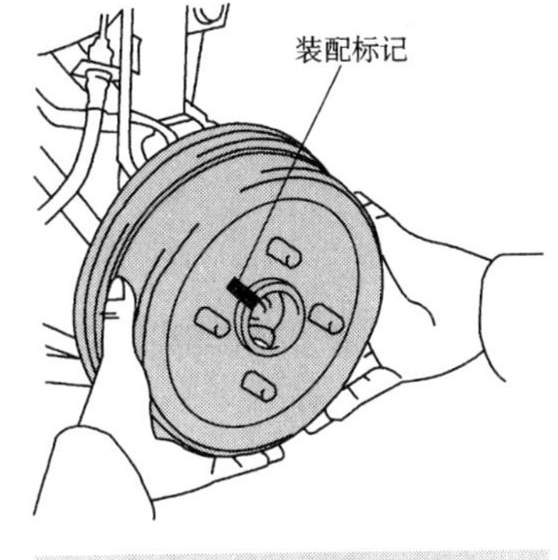

图3-29 拆下制动鼓

⑤拆下前制动蹄,如图3-32所示;

⑥拆下驻车制动拉线,然后拆下后制动蹄,如图3-33所示;

⑦分解前制动蹄,检查自动调节杆弹簧的方向并用尖嘴钳把弹簧从前制动蹄上拆下,然后拆下自动调节杆,如图3-34所示;

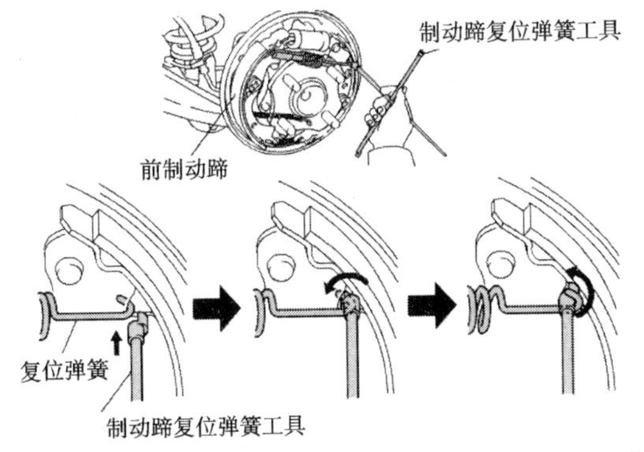

图3-30 拆下制动蹄复位弹簧

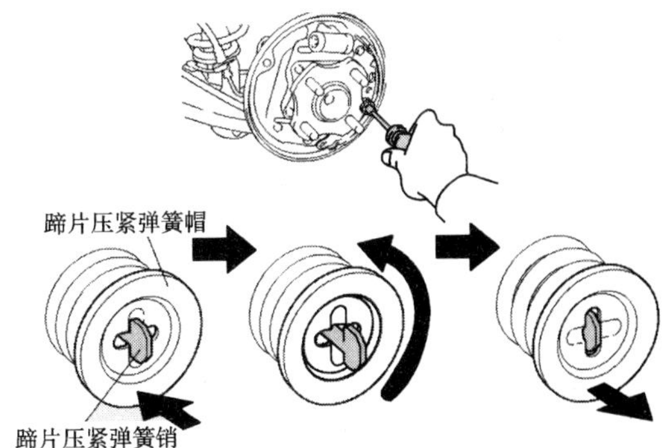

图3-31 拆卸制动蹄压紧弹簧

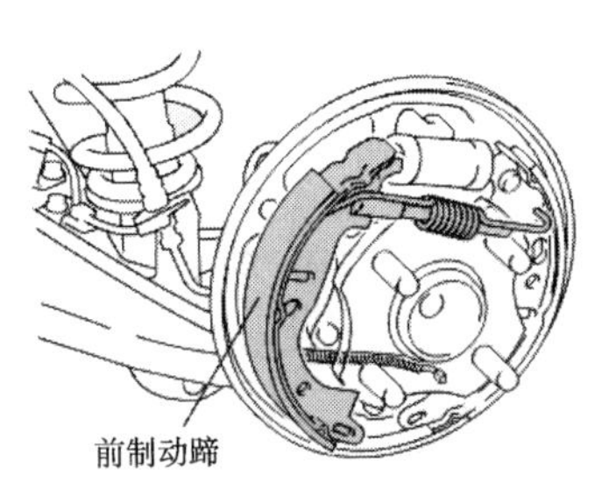

图3-32 拆下前制动蹄

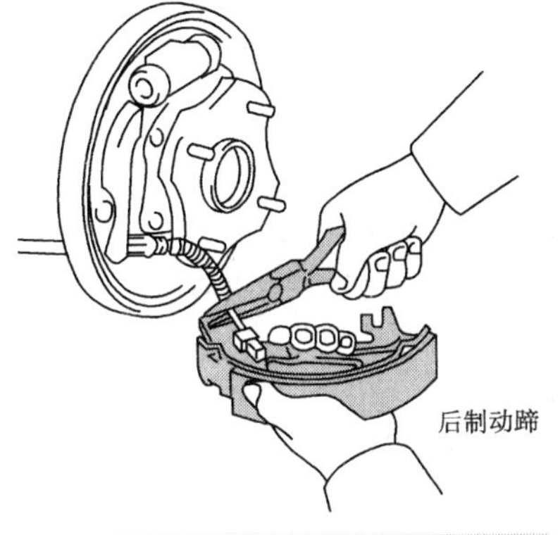

图3-33 拆下后制动蹄

⑧分解后制动蹄,用平头螺丝刀撬开C形垫圈,然后拆卸驻车制动杠杆,如图3-35所示。

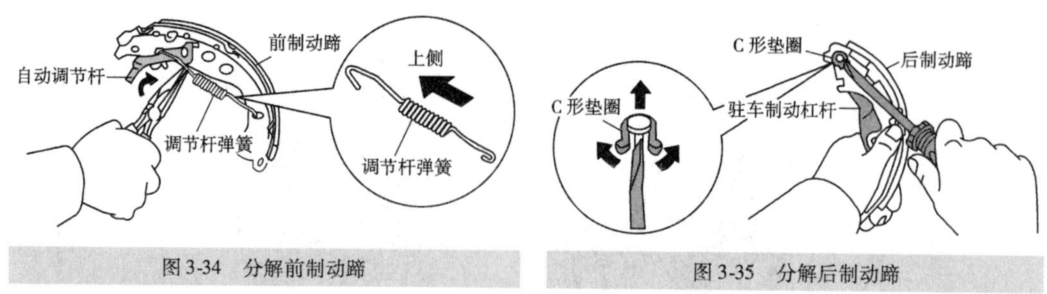

图3-34 分解前制动蹄

图3-35 分解后制动蹄

(2)检查鼓式制动器。

①检查制动蹄衬片厚度。使用钢板尺测量制动器衬片厚度,如果小于1mm更换新的制动蹄,如图3-36所示。

②检查制动鼓的内径。清洁制动鼓,使用游标卡尺测量制动鼓内径,从维修手册查取制动鼓的最大值,如果超过最大值,更换制动鼓,如图3-37所示。

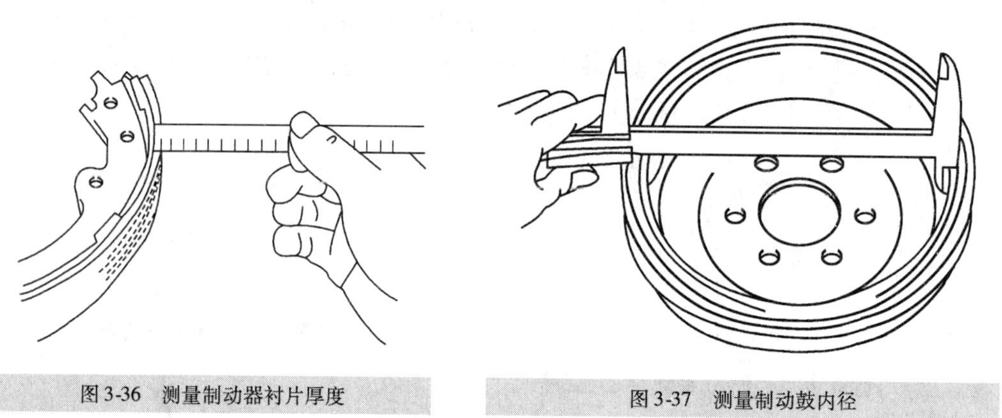

图3-36 测量制动器衬片厚度

图3-37 测量制动鼓内径

③检查制动鼓与制动蹄衬片是否正常接触。在制动鼓内表面涂上粉笔后,将制动蹄和制动鼓内表面结合进行摩擦,如图3-38所示,然后观察制动蹄衬片表面印上的粉笔面积,如果接触面积太小,则说明接触不良,需对制动蹄进行研磨或者更换制动蹄。

④检查制动轮缸是否漏油。制动轮缸如果漏油需拆检制动轮缸。

a.用专用工具09023—00100脱开制动轮缸上的制动油管,如图3-39所示,拆下螺栓和轮缸。

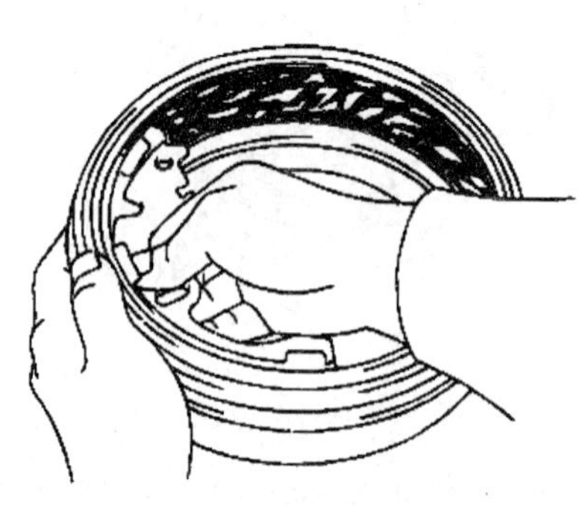

图3-38 检查制动鼓与制动蹄衬片的接触

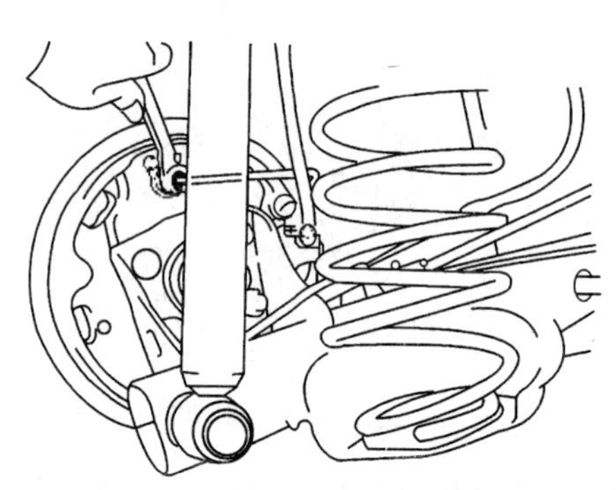

图3-39 脱开制动轮缸上的制动油管

b.分解制动轮缸,检查制动轮缸和活塞有无划伤,如果故障更换轮缸。

c.重新安装轮缸,注意如果拆卸,制动系需要排空气。

(3)安装鼓式制动器。

①组装后制动蹄,把驻车制动杠杆和C形垫圈安装到后制动蹄上,用钳子夹住C形垫圈,检查驻车制动杠杆是否能够顺利移动,如图3-40所示;

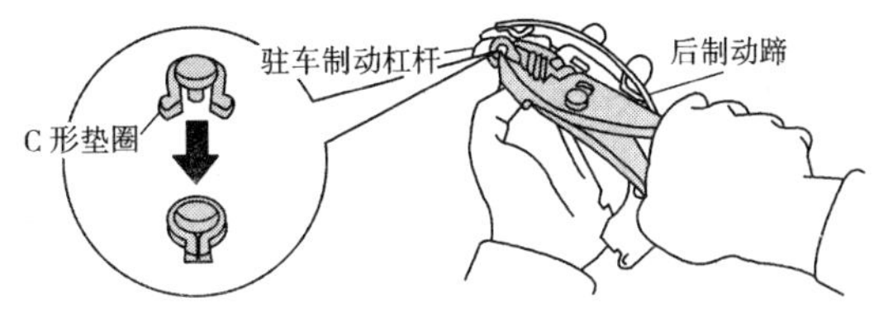

图3-40 组装后制动蹄

②组装前制动蹄,将自动调节杆安装到前制动蹄上,用尖嘴钳把调节杆弹簧安装到自动调节杆上和前制动蹄上,如图3-41所示;

③清洁驻车制动调节器和背板,并给调节器和背板如图在箭头所指部位涂上润滑脂,如图3-42所示;

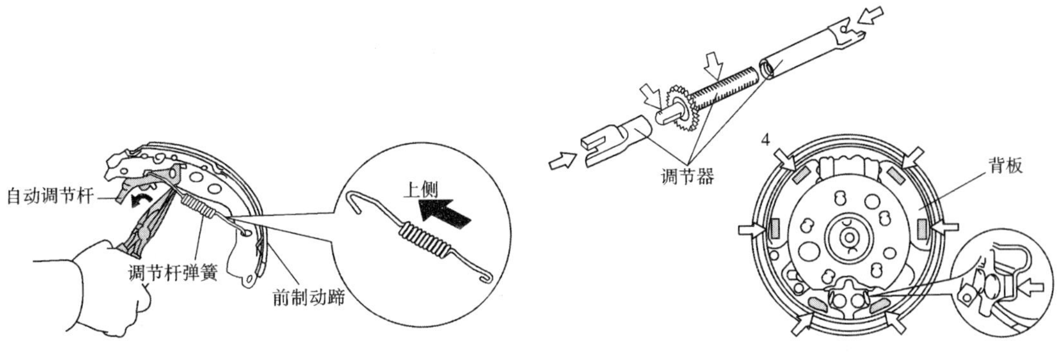

图3-41 组装前制动蹄

图3-42 给调节器和背板上涂抹润滑脂

④安装后制动蹄,用钳子夹住驻车制动器拉索,将驻车制动器拉索连接到驻车制动杠杆上,并用专用工具安装蹄片压紧弹簧销和弹簧帽,如图3-43所示。

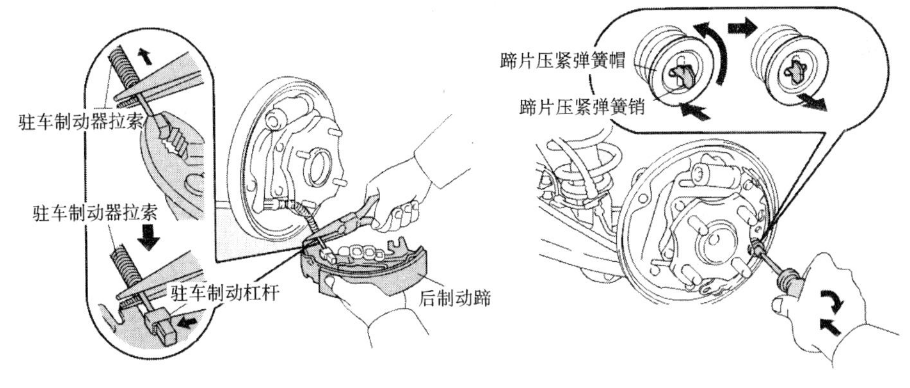

图3-43 安装制动蹄

⑤安装驻车制动调节器,检查驻车制动调节器的方向,并将其安装在后制动蹄上,然后安装复位弹簧,如图3-44所示。

⑥安装前制动蹄,安装前、后制动蹄上的定位弹簧,使驻车制动调节器与前制动蹄凹槽

对齐，如图 3-45 所示。

⑦安装制动鼓，用制动鼓量具测量制动鼓的内径，旋转驻车制动调节器以调节制动蹄的最大直径比制动鼓内径小 0.6mm，然后对齐在拆卸制动鼓时所做的装合标记，重新安装制动鼓，如图 3-46 所示。

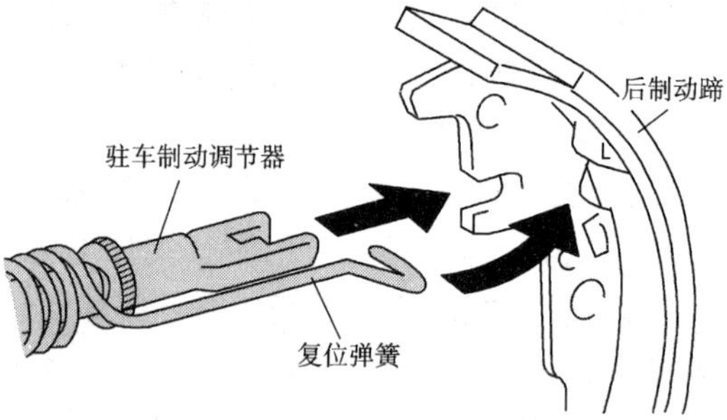

⑧安装车轮，检查有无制动拖滞，如果拖滞，调整制动器间隙。

⑨按规定力矩拧紧车轮螺栓。

图 3-44　安装驻车制动调节器

2）鼓式制动器的检修

（1）拆卸盘式制动器。

①举升车辆，然后拆下车轮拆下车轮，注意在使用风动扳手等旋转类工具工作时不能带手套，如图 3-47 所示；

②松开制动卡钳固定螺栓，拆下制动卡钳，然后用铁丝钩把制动卡钳挂在螺旋弹簧上以避免损坏制动油管，如图 3-48 所示；

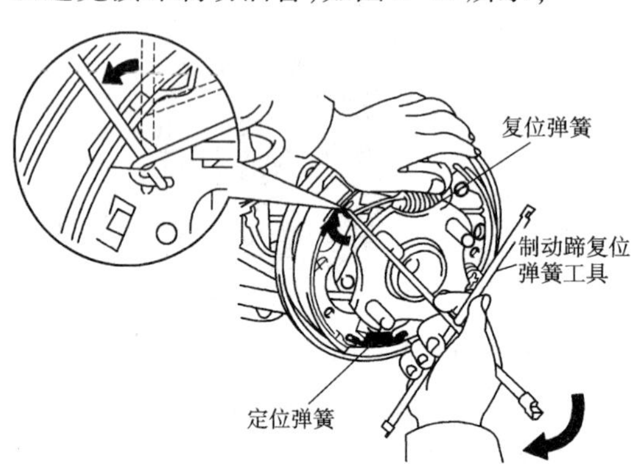

图 3-45　安装前制动蹄

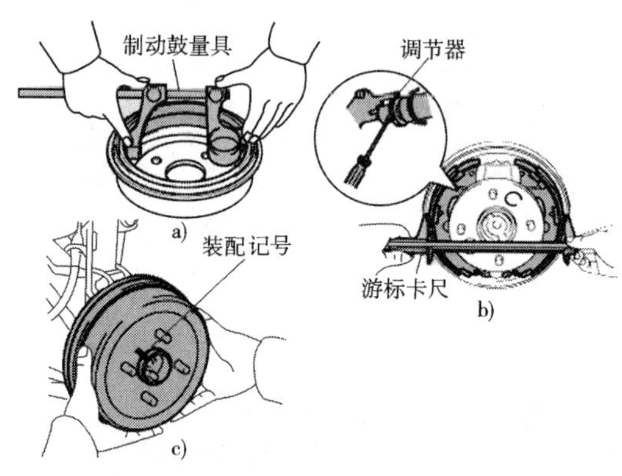

图 3-46　调节蹄鼓间隙安装制动鼓

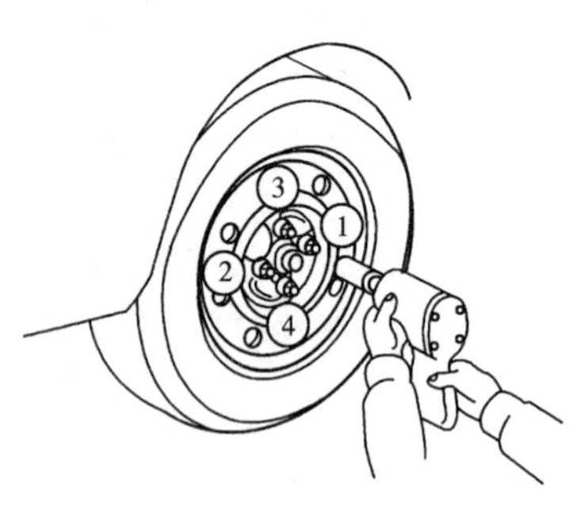

图 3-47　拆下车轮

图 3-48　拆下制动卡钳

③拆下两个制动块，如图 3-49 所示。

（2）检查盘式制动器。

①检查制动块。

使用钢板尺测量制动块摩擦衬片的厚度并与维修手册上标准值对比，如果超出磨损极限更换制动块，如图3-50所示。

②检查制动盘。

a. 使用千分尺在距离制动盘边缘约1mm处测量制动盘的厚度，如图3-51所示，并与维修手册上的标准值对比，如果超出磨损极限更换制动盘；

b. 使用百分表检查制动盘表面跳动量，如图3-52所示，并与维修手册上的标准值对比，如果超出极限则检查轮毂轴承的轴向间隙和轮毂的摆动，如果轮毂和轴承正常，则更换或者修理制动盘。

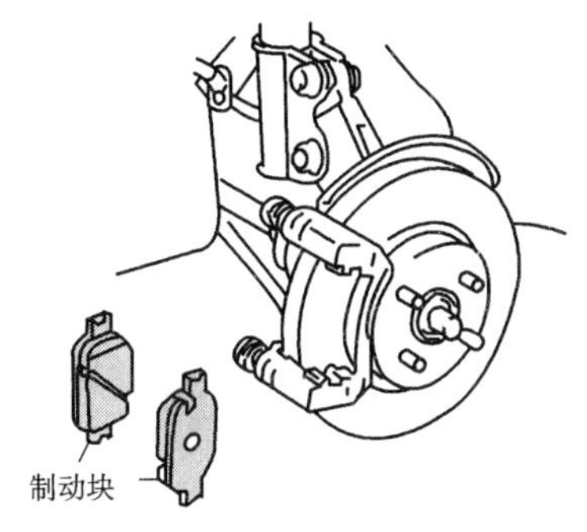

图3-49　拆下制动块

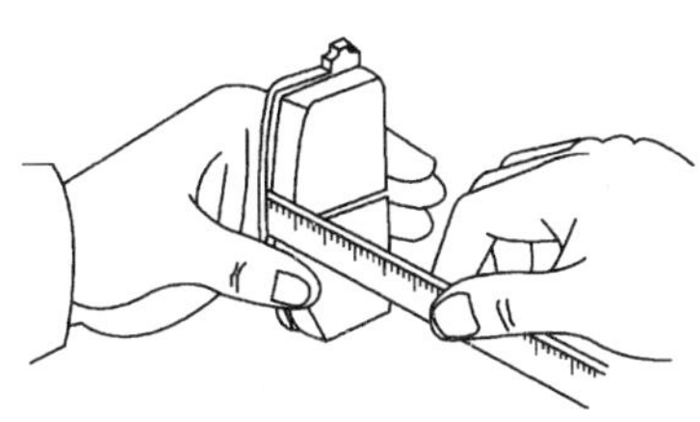

图3-50　测量制动块摩擦衬片的厚度

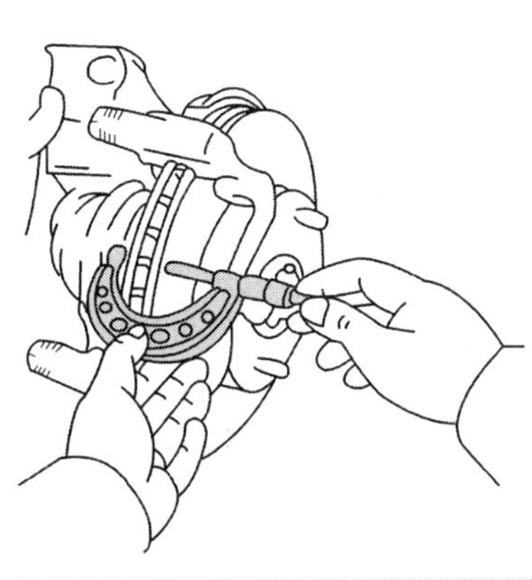

图3-51　测量制动盘的厚度

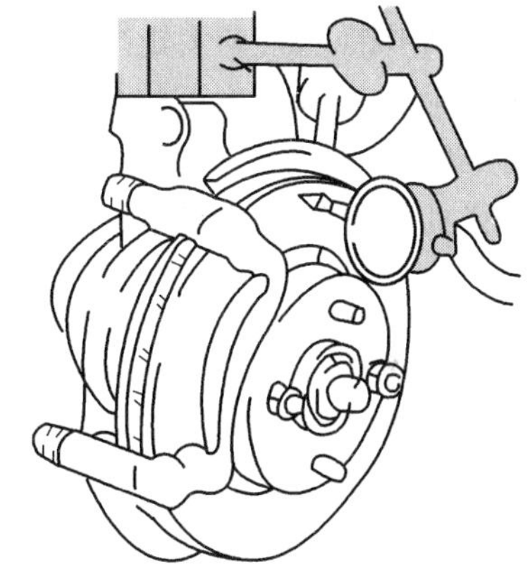

图3-52　测量制动盘的跳动量

③检查制动轮缸。

检查制动轮缸是否漏油，如果漏油需拆检轮缸：

a. 拆卸制动轮缸防尘套，如图3-53所示；

b. 拆下放气螺栓；

c. 拆下制动活塞，如图3-54所示；

d. 拆下活塞油封，如图3-55所示；

e. 检查制动轮缸和活塞有无划伤，如果有划伤则更换轮缸。

(3)安装盘式制动器。

①更换制动块，把消声垫片和制动块组装到一起，并在图示消声垫片和制动块之间涂

抹高温润滑脂,如图 3-56 所示;

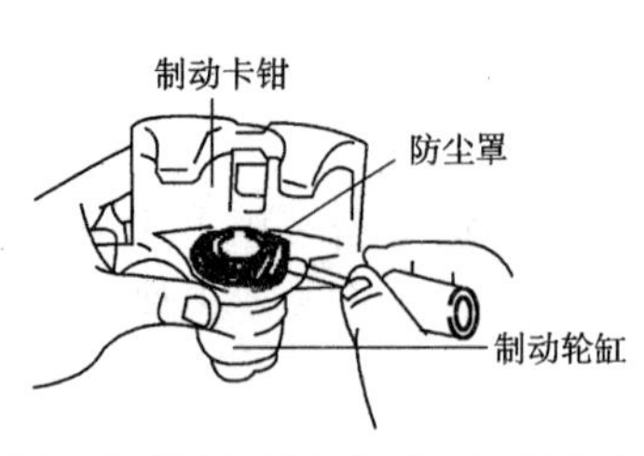

图 3-53 拆卸制动轮缸防尘套

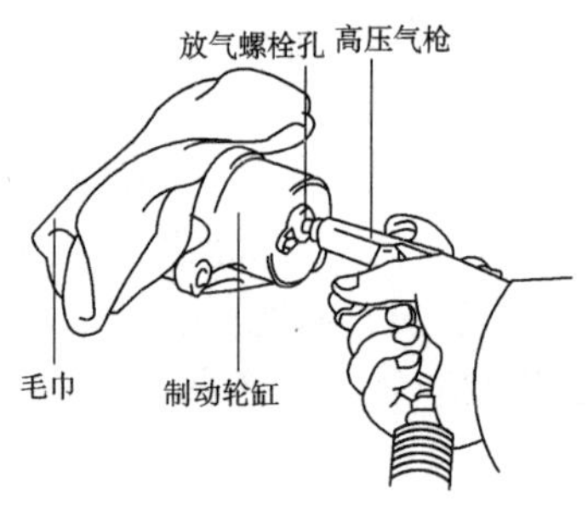

图 3-54 拆卸制动活塞

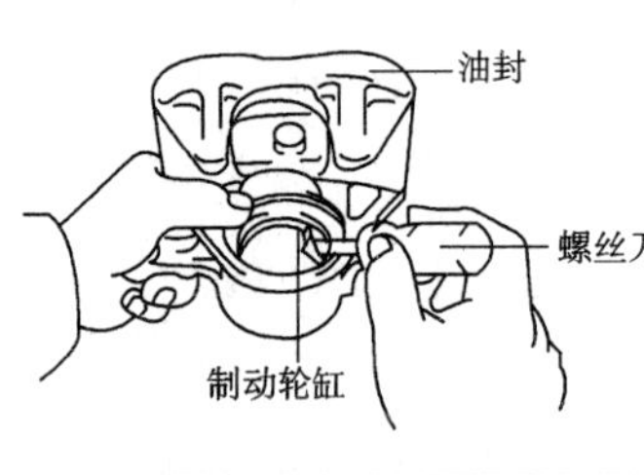

图 3-55 拆卸活塞油封

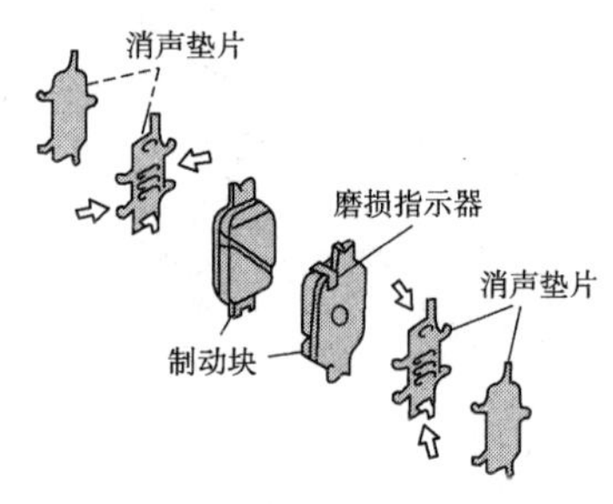

图 3-56 组装制动器制动块

②安装制动卡钳,按规定力矩扭紧制动卡钳紧固螺栓,然后检查制动器有无制动拖滞;

③安装车轮,并按规定力矩拧紧车轮紧固螺栓。

3)整理和清洁

整理工量具和设备,清洁场地。

6 记录与分析(表 3-3)

检修制动器作业记录单 表 3-3

姓名		班级		学号		组别	
车型		发动机编号		作业单号		作业日期	
检查范围				检查结果			
鼓式制动器的检修	制动鼓的检查						
	制动蹄的检查						
	制动鼓与制动蹄接触面的检查						
	制动轮缸的检查						
盘式制动器的检修	制动盘的检查						
	制动块的检查						
	制动轮缸的检查						
检查制动盘偏摆							
处理意见							
制订修理方法							

项目4　丰田威驰轿车驻车制动不灵、溜坡，检修驻车制动系统

1　项目说明

一汽丰田威驰轿车的驻车制动如果工作性能下降，直接影响驻车的可靠性，因此应按技术标准对驻车制动系统进行检查，并制订修复方法。

2　技术标准与要求

(1)每个学员独立完成此项目。
(2)技术标准。
驻车制动行程:6～9响。

3　设备器材

(1)一汽丰田威驰轿车；
(2)维修常用工量具一套。

4　作业准备

(1)准备威驰轿车；
(2)清洁调整工量具；
(3)准备作业单。

5　操作步骤

1)检查驻车制动警报灯工作情况

将点火开关置于ON位，拉起驻车制动拉杆，观察驻车制动警报灯是否正常亮起，然后放下驻车制动拉杆，观察驻车制动警报灯是否正常熄灭，如图3-57所示。

2)检查驻车制动拉杆的工作情况

用196N力拉起驻车制动拉杆，数"咔嗒"声音出现的次数，正常应该为6～9下。然后放下和拉起驻车制动拉杆数次，检查有无卡滞，如图3-58所示。

图3-57　检查驻车制动警报灯工作情况

图3-58　检查驻车制动拉杆的工作情况

3)检查驻车制动的效能

拉起驻车拉杆使汽车处于驻车制动状态，举升车辆，用手转动后轮，正常应该转不动。

然后松开驻车拉杆，用手转动后轮，车轮应该能自由转动。

4）检查驻车制动拉索

检查驻车制动拉索及拉索套是否松弛或者损坏，如图 3-59 所示；如果拉索套损坏则拆卸拉索更换护套，如果制动拉索损坏则更换拉索，更换拉索方法为：

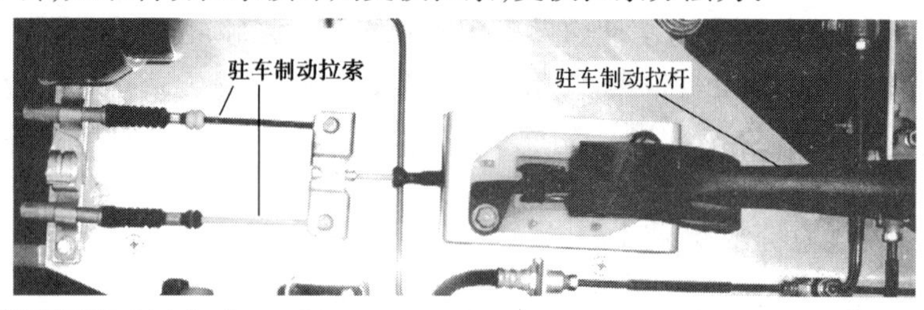

图 3-59　检查驻车制动拉索

①拆卸控制台组件，如图 3-60 所示；

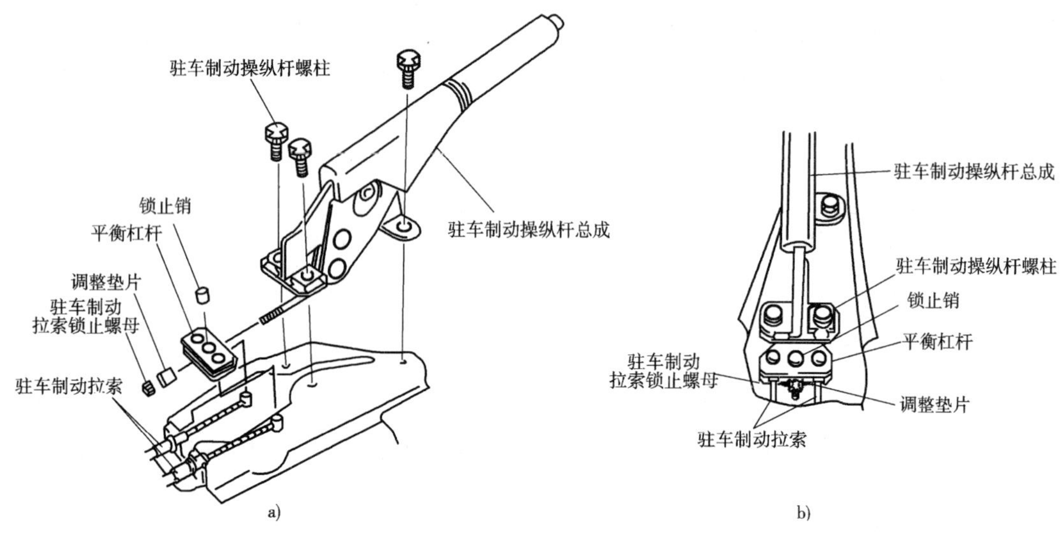

图 3-60　拆卸控制台组件

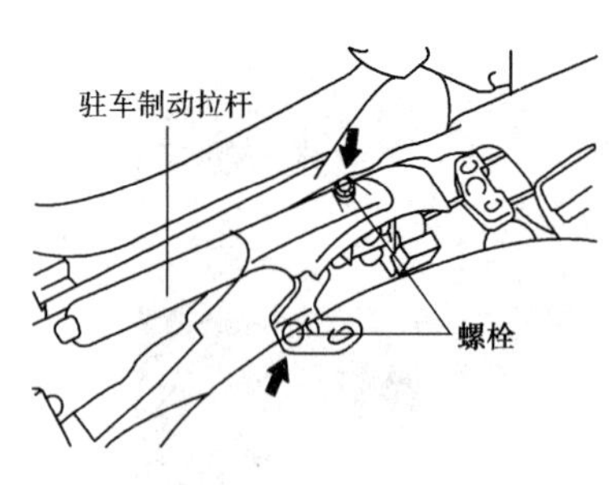

图 3-61　拆卸驻车制动拉杆附件

②拆卸地板式换挡杆头附件；

③拆卸 1 号拉索调整螺母；

④拆卸驻车制动拉杆附件，如图 3-61 所示；

⑤拆卸驻车制动开关组件，如图 3-62 所示；

⑥更换新的制动拉索，然后按相反顺序安装制动拉索；

⑦检查和调整驻车制动行程。

5）调整驻车制动拉杆行程

①调整后轮制动间隙；

②通过调整螺母调整驻车制动拉杆行程，拉起驻车制动拉杆，数“咔嗒”声音出现的次数，正常应该为 6～9 下，如图 3-63 所示。

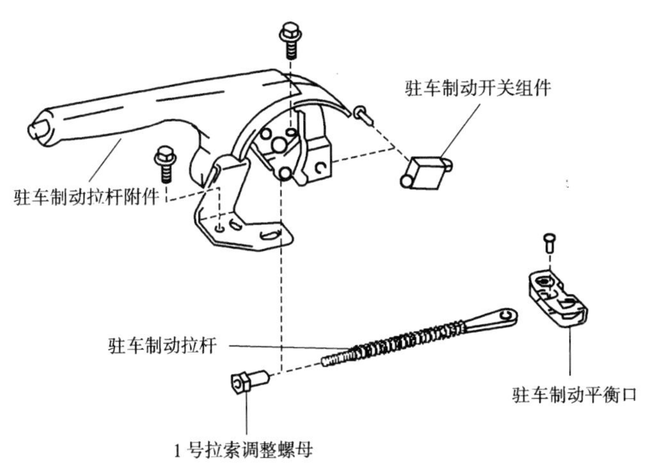

图3-62　拆卸驻车制动开关组件

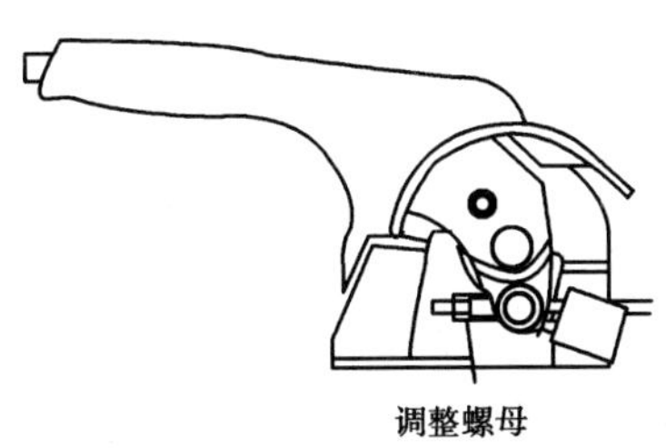

图3-63　调整驻车制动拉杆行程

6)整理和清洁。

整理工量具设备,清洁场地。

6　记录与分析(表3-4)

检修驻车制动系统作业记录单　　表3-4

姓名		班级		学号		组别	
车型		发动机编号		作业单号		作业日期	
检查范围				检查结果			
驻车制动警告灯							
驻车制动拉杆行程							
驻车制动的效能							
检查驻车制动拉索和护套							
处理意见							
制订修理方法							

三、学 习 评 价

1 理论考核

1)分析题

(1)简述一汽丰田威驰轿车制动系统的结构特点。

(2)简述制动主缸的更换方法。

(3)试分析制动系统常见的故障现象及诊断方法。

(4)分析一汽丰田威驰轿车制动器的检修要点。

(5)分析一汽丰田威驰轿车驻车制动系统的检修要点。

2)判断题

(1)用风动扳手拆卸车轮时,可戴手套进行。 (　　)

(2)盘式制动器的制动间隙可进行人工调整。 (　　)

(3)左右制动器间隙不等将导致制动跑偏。 (　　)

(4)测量制动盘厚度时应该使用千分表,而不应该使用游标卡尺。 (　　)

(5)安装制动块时,制动块和消声垫片之间要涂抹高温润滑脂。 (　　)

(6)拆卸制动鼓时不需要做装配标记。 (　　)

(7)制动液位低时制动警告灯会点亮。 (　　)

(8)制动系统进入空气后制动效能会下降。 (　　)

(9)在测量盘式制动器制动盘厚度时为保证精确要使用游标卡尺。 (　　)

(10)真空助力器不需要起动发动机也能工作。 (　　)

3)选择题

(1)对液压制动系活塞进行清洗时,应选用(　　)进行清洗。

A. 汽油　B. 金属清洗剂　C. 碱溶液　D. 制动液

(2)下列选项不能造成制动跑偏的是(　　)。

A. 左右制动器制动间隙不等　B. 左右制动蹄复位弹簧拉力不等

C. 制动液不足　D. 单边制动管路漏油

(3)真空助力器作用于哪(　　)。

A. 主缸推杆上　B. 制动踏板上

C. 主缸通向轮缸的管路上　D. 辅助缸的活塞上

(4)下列不属于制动主缸储液罐制动液减少的原因的是(　　)。

A. 主缸皮碗损坏　B. 制动管路损坏

C. 轮胎磨损　D. 轮缸活塞密封圈损坏

(5)威驰轿车驻车制动拉杆正常的行程是(　　)。

A. 6 ~ 9 响　B. 2 ~ 3 响

C. 9 ~ 12 响　D. 16 ~ 19 响

2 技能考核

项目1的评分表见表3-5。

检修制动主缸与项目评分表 表3-5

<table>
<tr><td rowspan="2">基本信息</td><td>姓名</td><td></td><td>学号</td><td></td><td>班级</td><td></td><td>组别</td><td></td></tr>
<tr><td>规定时间</td><td></td><td>完成时间</td><td></td><td>考核日期</td><td></td><td>总评成绩</td><td></td></tr>
<tr><td rowspan="10">任务工单</td><td rowspan="2">序号</td><td colspan="3" rowspan="2">步骤</td><td colspan="2">完成情况</td><td rowspan="2">标准分</td><td rowspan="2">评分</td></tr>
<tr><td>完成</td><td>未完成</td></tr>
<tr><td>1</td><td colspan="3">考核车辆工量具准备</td><td></td><td></td><td>5</td><td></td></tr>
<tr><td>2</td><td colspan="3">工量具使用</td><td></td><td></td><td>10</td><td></td></tr>
<tr><td>3</td><td colspan="3">检查制动管路</td><td></td><td></td><td>5</td><td></td></tr>
<tr><td>4</td><td colspan="3">从车上拆卸制动主缸</td><td></td><td></td><td>10</td><td></td></tr>
<tr><td>5</td><td colspan="3">分解制动主缸</td><td></td><td></td><td>10</td><td></td></tr>
<tr><td>6</td><td colspan="3">检查制动主缸</td><td></td><td></td><td>15</td><td></td></tr>
<tr><td>7</td><td colspan="3">安装制动主缸</td><td></td><td></td><td>5</td><td></td></tr>
<tr><td>8</td><td colspan="3">操作规范</td><td></td><td></td><td>5</td><td></td></tr>
<tr><td colspan="2">安全</td><td colspan="5"></td><td>5</td><td></td></tr>
<tr><td colspan="2">5S</td><td colspan="5"></td><td>5</td><td></td></tr>
<tr><td colspan="2">沟通表达</td><td colspan="5"></td><td>5</td><td></td></tr>
<tr><td colspan="2">工单填写</td><td colspan="5"></td><td>10</td><td></td></tr>
<tr><td colspan="2">工艺制订</td><td colspan="5"></td><td>10</td><td></td></tr>
</table>

项目2的评分表见表3-6。

检修制动踏板及真空助力器与项目评分表 表3-6

<table>
<tr><td rowspan="2">基本信息</td><td>姓名</td><td></td><td>学号</td><td></td><td>班级</td><td></td><td>组别</td><td></td></tr>
<tr><td>规定时间</td><td></td><td>完成时间</td><td></td><td>考核日期</td><td></td><td>总评成绩</td><td></td></tr>
<tr><td rowspan="8">任务工单</td><td rowspan="2">序号</td><td colspan="3" rowspan="2">步骤</td><td colspan="2">完成情况</td><td rowspan="2">标准分</td><td rowspan="2">评分</td></tr>
<tr><td>完成</td><td>未完成</td></tr>
<tr><td>1</td><td colspan="3">考核车辆工量具准备</td><td></td><td></td><td>5</td><td></td></tr>
<tr><td>2</td><td colspan="3">工量具使用</td><td></td><td></td><td>10</td><td></td></tr>
<tr><td>3</td><td colspan="3">检查及调整制动踏板</td><td></td><td></td><td>15</td><td></td></tr>
<tr><td>4</td><td colspan="3">检查真空助力器功能</td><td></td><td></td><td>15</td><td></td></tr>
<tr><td>5</td><td colspan="3">更换真空助力器</td><td></td><td></td><td>15</td><td></td></tr>
<tr><td>6</td><td colspan="3">操作规范</td><td></td><td></td><td>5</td><td></td></tr>
<tr><td colspan="2">安全</td><td colspan="5"></td><td>5</td><td></td></tr>
<tr><td colspan="2">5S</td><td colspan="5"></td><td>5</td><td></td></tr>
<tr><td colspan="2">沟通表达</td><td colspan="5"></td><td>5</td><td></td></tr>
<tr><td colspan="2">工单填写</td><td colspan="5"></td><td>10</td><td></td></tr>
<tr><td colspan="2">工艺制订</td><td colspan="5"></td><td>10</td><td></td></tr>
</table>

项目 3 的评分表见表 3-7。

检修制动器项目评分表 表 3-7

基本信息	姓名		学号		班级		组别	
	规定时间		完成时间		考核日期		总评成绩	
任务工单	序号	步骤			完成情况		标准分	评分
					完成	未完成		
	1	考核车辆工量具准备					5	
	2	工量具使用					10	
	3	拆卸制动器					10	
	4	检查制动器					20	
	5	安装制动器					15	
	6	操作规范					5	
安全							5	
5S							5	
沟通表达							5	
工单填写							10	
工艺制订							10	

项目 4 的评分表见表 3-8。

检修驻车制动系统项目评分表 表 3-8

基本信息	姓名		学号		班级		组别	
	规定时间		完成时间		考核日期		总评成绩	
任务工单	序号	步骤			完成情况		标准分	评分
					完成	未完成		
	1	考核车辆工量具准备					5	
	2	工量具使用					10	
	3	检查驻车制动系统					25	
	4	调整驻车制动					20	
	5	操作规范					5	
安全							5	
5S							5	
沟通表达							5	
工单填写							10	
工艺制订							10	

学习任务4　检测诊断与排除 ABS 系统故障

工作情境描述

某丰田汽车维修站接收一辆威驰轿车，根据车主反映，该车已经行驶 3 万多公里，ABS 警告灯常亮，在汽车紧急制动时，明显感觉到 ABS 没有起作用。

请通过检测 ABS 系统的各总成，判断具体故障部位；若需要修复该故障，请制订修复方法和工艺流程。

学习目标

通过本任务的学习，应能：

1. 叙述丰田威驰轿车制动 ABS 系统的结构特点；
2. 描述 ABS 系统常见故障，分析故障原因；
3. 描述 ABS 系统常见故障的检测与修复方法，判定故障部位；
4. 根据维修手册，能够完成对车速传感器、制动压力调节器和 ABS ECU 进行检查、修复和更换作业。

学习时间

8 学时。

学习引导

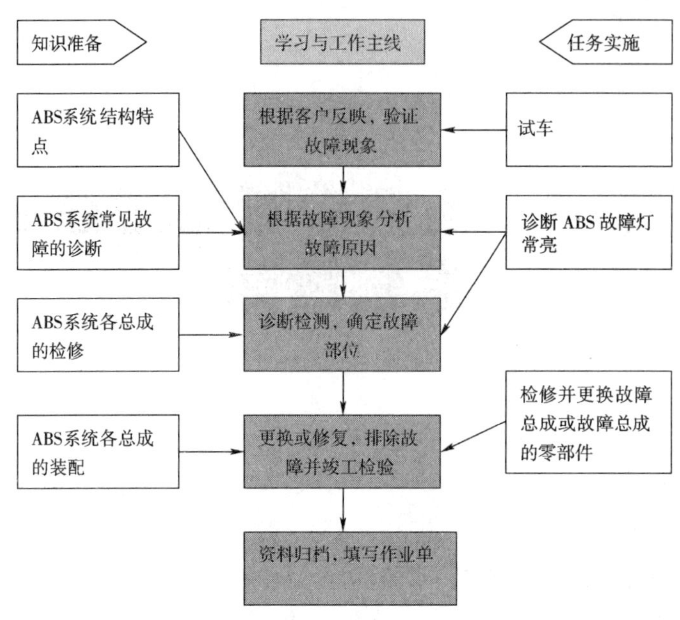

一、知 识 准 备

(一)丰田威驰轿车制动系统的结构特点

威驰汽车的 ABS 系统主要由 ECU、制动执行器和轮速传感器组成，如图 4-1 所示。

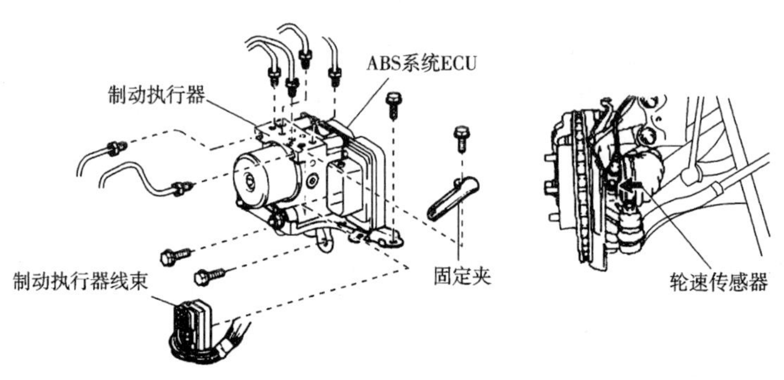

图 4-1　ABS 系统示意图

制动执行器主要由电磁阀、回油泵和储液罐等组成；ABS ECU 装在制动压力调节器上，位置如图 4-2 所示；ABS 轮速传感器采用的是电磁感应式，4 个车轮处各有一个，共 4 个。

ABS 的作用是控制滑移。方法是将轮速传感器和车速传感器信号反馈给 ABS ECU，由

ECU 计算滑移率,发出指令给制动压力调节器,制动压力调节器根据指令执行增压、保压和减压,把滑移率始终控制在 10% ~30% 范围,从而提高制动效能,缩短制动距离。

图 4-2　制动压力调节器和 ABS ECU 位置图

(二)汽车 ABS 系统各总成的检修方法

1　车轮转速传感器的检查

轮速传感器的常见故障是无信号电压、信号电压低及变化异常等。检查方法如下:

1)直观检查

主要检查传感器有无松动;导线及插接器有无松脱、裸露;齿圈有无损伤及脏物;转动车轮检查齿圈的摆动量(轴向摆动误差应不大于 0.3mm)等。

2)传感器间隙检查

用非磁性厚薄规测量传感头与齿圈之间的间隙应符合车辆之规定值。如桑塔纳 2000Gsi 的前轮为 1.1 ~1.97mm,后轮为 0.42 ~0.8mm。

3)传感器电阻检查

对于电磁感应式传感器可利用万用表的电阻挡测量线圈阻值,一般为 1kΩ 左右。如桑塔纳 2000Gsi 为 1.0 ~1.3kΩ。

4)测传感器的输出电压

当车轮转动时,传感器应有电压输出,且与车轮的转速成正比。如桑塔纳 2000Gsi 以 30r/min 转动车轮时,用万用表测量输出电压为 70 ~310mV。

5)测量传感器的输出波形

正常的信号电压波形应是均匀的正弦电压波形,峰值应符合要求。如桑塔纳 2000Gsi 前轮,转动车轮时,峰值为 3.4 ~14.8mV/Hz。

2　ABS ECU 的检查

(1)检查 ABS ECU 的线束插头应无松动,接触良好;管脚应无腐蚀,否则应清除干净。

(2)检查 ABS ECU 的输入电源及搭铁情况。

(3)直接用替换法进行试验。

需要指出的是:ABS ECU 并不容易损坏,不要轻易更换,应仔细做好上述步骤(1)、(2)的检查。

3 制动压力调节器的检查

制动压力调节器常见的故障是电磁阀、油泵不工作、电磁阀泄漏等。

(1)检查电磁阀线圈的电阻。

(2)对电磁阀、油泵进行通电试验,应能听到动作声。

(3)用专门的 ABS 测试设备进行测试。

(4)通过汽车诊断电脑(解码器)的"执行元件测试"功能进行测试。

4 继电器的检查

ABS 装用的继电器主要有控制 ABS 工作电源的主继电器、电磁阀继电器、油泵继电器等。继电器的常见故障是触点接触不良、线圈断路或短路等,检查方法如下:

(1)用万用表测量线圈电阻。

(2)通电检查,用万用表测量两触头间电阻值,不通电时为无穷大,通电时应为 0Ω。

(3)继电器触头接触情况也可以通过测量触头的电压降进行判断,如工作时电压降超过 0.5V,则说明接触不良。

(三)汽车 ABS 常见故障诊断

1)故障现象

ABS 故障警告灯点亮。

2)故障原因

(1)轮速传感器与 ABS 控制单元的线路连接不良。

(2)轮速传感器和齿圈的安装间隙过大,或者传感头和齿圈沾有油污。

(3)轮速传感器本身故障。

(4)ABS ECU 故障。

(5)ABS 压力控制阀故障。

3)诊断与排除方法

(1)ABS 自诊断。

ABS 自诊断是利用 ECU 对系统外部电路进行自检,若发现异常,ECU 则将故障信息存贮,并点亮 ABS 警告灯。ABS 的自检包括静态(点火开关接通,汽车不行驶)和动态(汽车行驶)两种情况。

①静态自检。当点火开关接通后,ABS ECU 会立即对外部电路进行自检,仪表板上的制动警告灯和 ABS 警告灯会点亮:若系统正常(放松手制动),警告灯 2 ~ 3s 内会熄灭,自检过程完成;若系统不正常,警告灯会持续点亮,ECU 将故障信息以代码形式存储,同时关闭

ABS 系统,提示驾驶员进行检修。

②动态自检。当汽车行驶达到一定车速后(因车而异),系统将对诸如电磁阀、回油泵、轮速传感器等进行自检,若发现异常,则点亮 ABS 警告灯,存储故障代码,关闭 ABS。

(2)人工诊断。

ABS 的人工诊断包含人工获取故障信息(人工调码)和使用常规设备(如万用表)进行故障点的查找两方面的内容。

人工调码可通过以下几种方式进行:通过 ABS 警告灯的闪烁频率读取;通过 ECU 盒上的二极管灯读取;通过自制的发光二极管灯读取;通过自动空调面板读取等。人工读码的基本步骤是先将自诊断插座的某些引脚短接(如丰田车短接 TC 与 E1,),然后根据警告灯的闪烁规律读取,但具体方法及故障码的含义因车而异,操作者需参考维修手册。

当 ABS 警告灯点亮后,又无诊断检测设备可帮助诊断故障原因时,可使用常规设备(如万用表)进行故障点的查找和排除。使用这种方法进行 ABS 的故障诊断和检修,可借助人工调码及参考维修手册先明确故障点位置和原因,再进一步查找;或者在弄清 ABS 系统工作原理和电路连接关系后,再使用万用表对其外部电路进行检查(如测量回油泵线圈、轮速传感器的电阻,连接线路的通断、有无短路等),查明故障原因并予以检修。

(3)仪器诊断。

ABS 的仪器诊断是利用故障诊断仪(解码器)与车载电脑建立通信,读取自诊断信息及对车载电脑进行控制操作等,但许多元件故障的验证仍然需用使用万用表进行。

下面以桑塔纳时代超人 ABS 某轮速传感器故障为例加以说明。

诊断可使用大众公司的专用解码器,也可采用通用型的解码器,如深圳威宁达公司生产的金德 K81。使用大众系列专用解码器 V. A. G1552 进行故障诊断的步骤如下:

①用诊断测试线连接好汽车诊断座和测试仪主机,仪器电源自动接通。

②打开点火开关,输入 ABS ECU 的地址码“03”,并按下仪器面板上的 Q 键予以确认。

面板上右上角显示的“HELP”表示可按面板上的帮助键查询地址码。

③按方向键“→”进入功能选择菜单。

④输入两位数字功能代码后按“Q”键确认。如需读取故障码按“02”后再按“Q”键。按方向键“→”显示故障码代号,再按“→”显示故障信息,直至全部信息读取完毕。

⑤记下读出的故障代码,退回到功能菜单选择功能“05”清除故障码。

⑥关闭点火开关,重新打开点火开关(有条件最好进行汽车制动路试)后再读,若读出的两个故障码有一个消失,则可能该故障码是历史故障码(曾经发生过故障但目前无故障,有可能是维修后未清码,也可能是偶发性故障),而另一个故障码指示的故障可能真实存在,需对照电路图用万用表进行检查。

⑦选择功能“06”退出当前诊断系统。

还可使用故障诊断仪的数据流读取、执行元件动作测试、控制单元编码等操作。

二、任 务 实 施

项目　丰田威驰轿车 ABS 警告灯常亮，紧急制动时 ABS 不起作用，ABS 系统故障诊断与检修

1 项目说明

一汽丰田威驰轿车的 ABS 系统的作用是紧急制动时，防止车轮抱死，提高制动效能和方向稳定性，从而提高行车安全性。如果 ABS 系统失效，汽车紧急制动性时安全性下降，因此应按技术标准对 ABS 系统进行检测，并制订修复方法。

2 技术标准与要求

(1)每个学员独立完成此项目。
(2)技术标准。
制动管路连接螺母拧紧力矩:15N · m;
前轮速传感器拧紧力矩:8N · m;
前轮速传感器线束夹拧紧力矩:8N · m;
ABS 制动压力调节器与车身拧紧力矩:19N · m;
ABS 制动压力调节器与卡夹拧紧力矩:19N · m;
前轮速传感器两端子间电阻:(1.4 ~ 1.8)kΩ;
后轮速传感器两端子间电阻:<2.2kΩ;
后轮速传感器两端子分别与车身搭铁之间的电阻:不小于 1MΩ;
ABS ECU 的 +BM 端子和搭铁之间的电压:10 ~ 14V。

3 设备器材

(1)一汽丰田威驰轿车;
(2)维修常用工量具一套;
(3)丰田专用解码器 IT-Ⅱ;
(4)汽车专用万用表;
(5)丰田专用工具 09023—00100 10mm;
(6)导线若干。

4 作业准备

(1)准备威驰轿车;
(2)清洁调整工量具;
(3)准备作业单。

5 操作步骤

1）ABS系统的故障诊断

（1）故障诊断时的注意事项。

ABS采用电子液压控制，因此在ABS系统正常工作情况下出现如表4-1所列现象是正常的，并不是故障。

ABS现象说明　　表4-1

现　　象	说　　明
系统自检声音	发动机起动后，有时会从发动机舱中传出类似碰击的声音，这是ABS进行自检的声音，并非不正常
ABS起作用时的声音	1. ABS液压单元内电动机的声音 2. 与制动踏板振动一起产生的声音 3. ABS工作时，因制动而引起悬架碰击声或轮胎与地面接触发出吱嘎声
ABS起作用，但制动距离长	在积雪或是砂石路面上，有ABS的车辆的制动距离有时候会比没有ABS车辆的制动距离长，因此需提醒驾驶人在上述路面行驶时应加倍小心

（2）系统自检。

放下驻车制动器，将点火开关移动到ON位置，观察制动警告灯和ABS警告灯，应该点亮后3s熄灭，如图4-3所示。如果ABS系统出现故障，则ABS警告灯常亮。

图4-3所示为ABS电控单元控制过程，点火开关接通后闪烁几次后熄灭，表明ABS自诊断完毕，系统正常；如果不熄灭，表明系统有故障，当ABS失灵后，EBD继续工作。

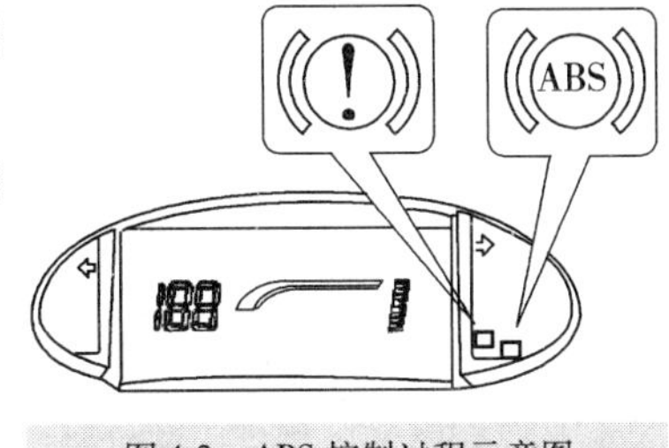

图4-3　ABS控制过程示意图

（3）ABS系统故障诊断流程。

ABS系统故障诊断流程如图4-4所示。

（4）使用IT-Ⅱ读取故障代码。

①连接IT-Ⅱ（如图4-5所示）和诊断插头，诊断插头如图4-6所示；

②打开IT-Ⅱ，进入ABS系统，读取故障代码。

（5）偶发性故障的维修要点。

在电子控制系统中，在电气回路和输入输出信号的地方，可能出现瞬时接触不良问题，从而导致偶发性故障或在ECU自检时留下故障码。如果故障原因持续存在，那么只要按照故障码检查表就可以发现不正常的部位，不过有时故障发生的原因会自行消失，所以不容易找出问题的原因。在这种情况下，可按下列方式模拟故障，检查故障是否再现。

①当振动可能是主要原因时：将接头轻轻地上下左右摇动；将线束轻轻地上下左右摇动；将传感器轻轻地上下左右摇动；将其他运动件（如车轮轴承等）轻轻摇动。

如果线束有扭断或因拉得太紧而断裂，就必须更换新件，尤其是传感器在车辆运动时因为悬架系统的上下移动，可能造成短暂的断/短路。因此检查传感器信号时必须进行实车行驶试验。

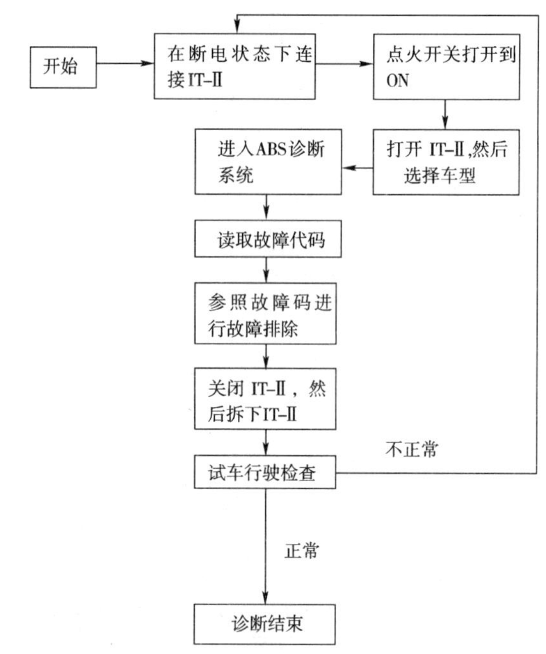

图4-4　ABS故障诊断流程

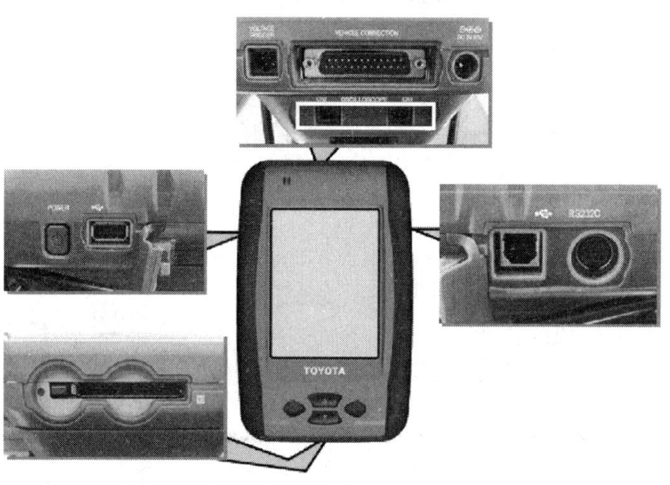

图4-5　IT-Ⅱ实物图

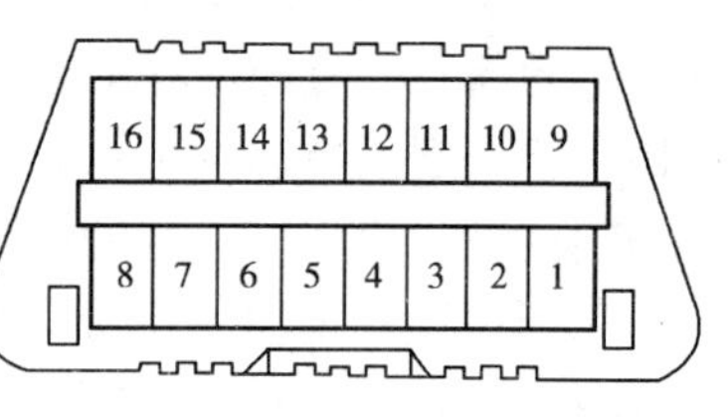

图4-6　诊断插头示意图

②当怀疑过热或过冷是故障的主要原因时:用吹风机加热被怀疑有故障的部件;用冷喷雾剂检查是否有冷焊现象。

③当怀疑电源回路接触电阻过大是主要原因时:打开所有电器开关,包括前照灯和后除霜开关。

如果此时故障没有再现,就必须等到下次故障再出现时才能诊断维修。一般来说,偶发性故障只会越变越糟,不会变好。

(6)ABS系统故障代码及含义。

ABS系统故障代码如表4-2所示：

ABS系统故障代码表　　表4-2

诊断代码	检测项目	故障部位
C0200	右前轮速传感器信号故障	右前、左前、右后和左后轮速传感器 每个轮速传感器电路 传感器安装 传感器转子
C0205	左前轮速传感器信号故障	
C0210	右后轮速传感器信号故障	
C0215	左后轮速传感器信号故障	
C0226	右前电磁阀故障	右前电磁阀电路；制动执行器
C0236	左前电磁阀故障	左前电磁阀电路；制动执行器
C0246	右后电磁阀故障	右后电磁阀电路；制动执行器
C0256	左后电磁阀故障	左后电磁阀电路；制动执行器
C0273	ABS电机继电器电路开路	ABS电机继电器 ABS电机继电器电路 ABS电机电压
C0274	ABS电机继电器电路短路	
C0278	ABS电磁阀继电器电路开路	ABS电磁阀继电器 ABS电磁阀继电器电路 电磁阀电压
C0279	ABS电磁阀继电器电路短路	
C1241	蓄电池电压过低或过高	蓄电池、充电系统、电源电路
C1249	停车灯开关电路开路	停车灯灯泡、停车灯开关、停车灯电路
C1251	泵电机锁止	ABS泵电机
常通	ECU故障；IG电源电路	蓄电池、充电系统、电源电路、ABS警告灯电路、ECU

2)ABS ECU的检修

(1)ABS ECU电路如图4-7所示，其中ALT和ABS熔断丝位置如图4-8所示；ABS ECU线束连接器如图4-9所示。

(2)检查ABS ECU的电源。

①脱开ABS ECU的34号端子线束连接器；

②测量ABS ECU线束侧的+BM(24号端子)和GND(1号端子或者23号端子)之间的电压，如图4-10所示，电压正常应为10~14V。

③如果不正常检查ALT和ABS熔断丝，如果不正常则检查线束和连接器是否短路。

④检查ABS ECU线束侧的连接器端子1和端了23与车身搭铁之间的电阻值，电阻值应该不大于1Ω。

3)ABS制动压力调节器的检修

(1)ABS制动压力调节器的更换。

①放尽制动液。

②关闭点火开关，拆下蓄电池。

③从ABS电子控制单元上拆下34号端子线束连接器，如图4-9所示。

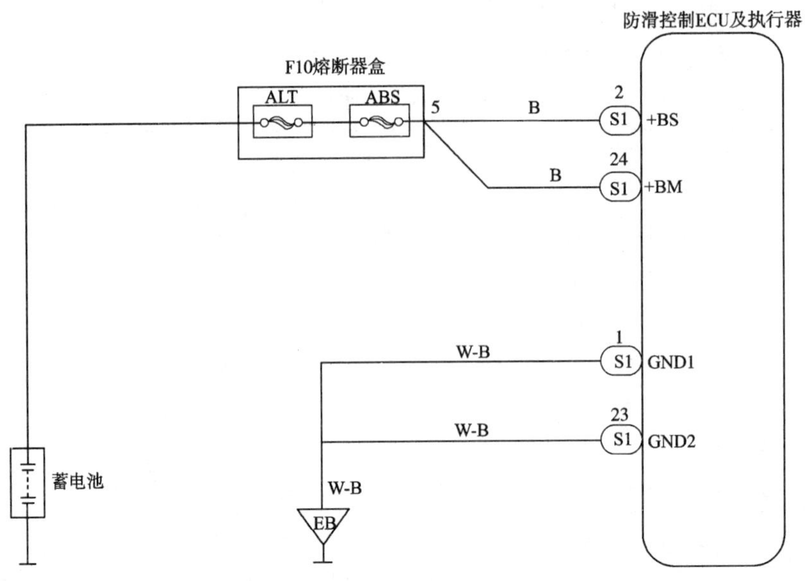

图 4-7　ABS ECU 电路图

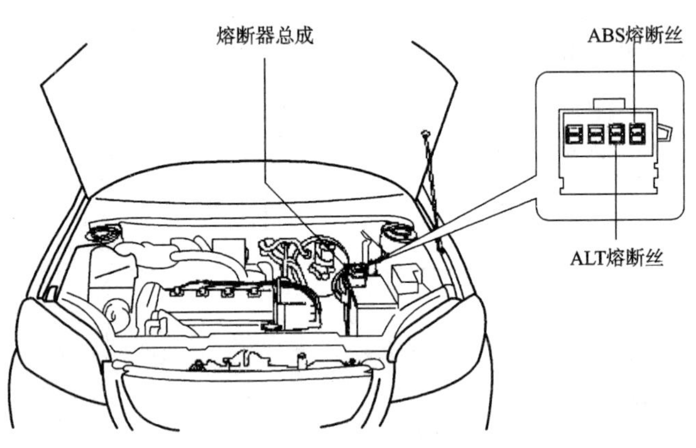

图 4-8　ALT 和 ABS 熔断丝位置

④拆卸 ABS 制动压力调节器时，在制动液管下垫一块布，用以吸收拆卸时流出的制动液。

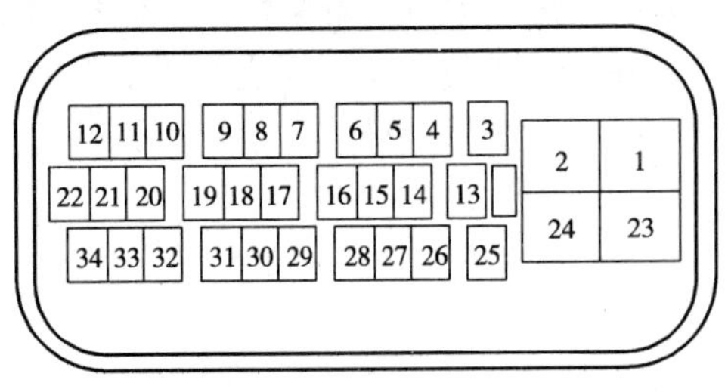

图 4-9　ABS ECU 线束连接器示意图

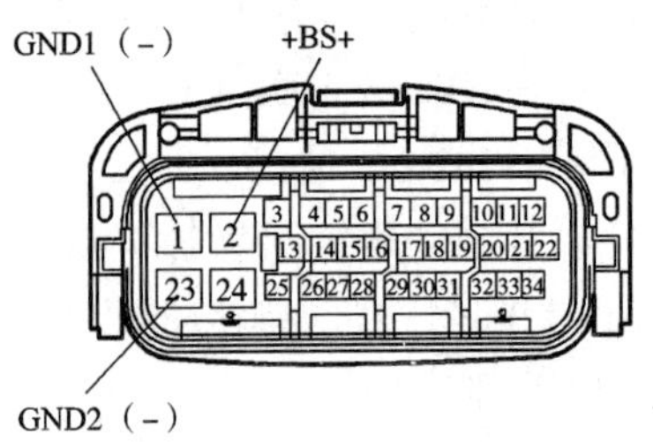

图 4-10　测量 ABS ECU 的电压

⑤从制动压力调节器阀体上拆下6根制动管路,如图4-11所示,并做上装配标记,同时用密封塞将调节器阀体上的管口塞住,防止进入异物。在操作过程中,不能使制动液渗入 ABS ECU 中,否则会因腐蚀元件而使系统损坏。

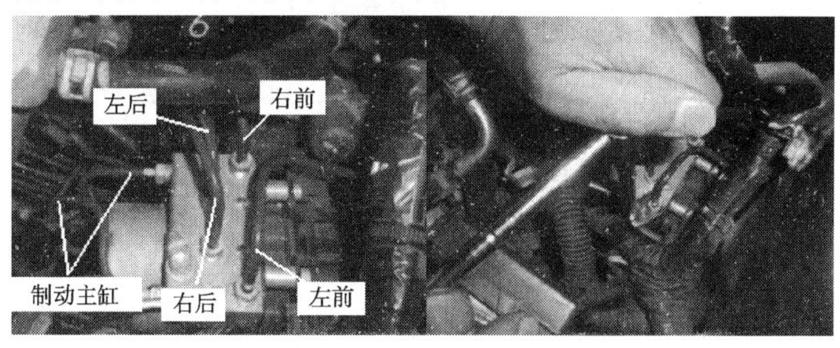

图4-11　拆卸 ABS 制动压力调节器上的制动管

⑥拆卸 ABS 制动压力调节器固定螺栓,如图4-12所示。

⑦更换新的 ABS 制动压力调节器。

⑧按照拆的相反顺序安装新的 ABS 制动压力调节器,安装完成之后,向制动主缸储液罐中添加制动液,然后进行主缸排空气和管路排空气。

⑨使用 IT-Ⅱ故障诊断仪,先清除故障码,再检查有无新的故障码出现。

⑩试车检测 ABS 的功能。应至少在 40km/h 的初始速度下紧急制动,若感觉到制动踏板有轻微颤动,路面上基本没有轮胎拖痕和制动跑偏,说明 ABS 工作正常。

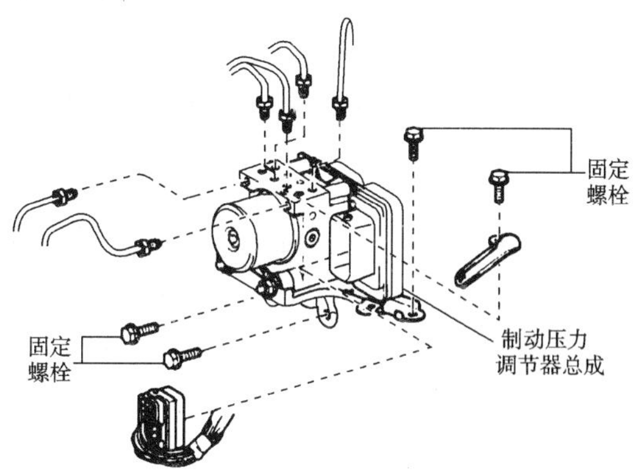

图4-12　拆卸 ABS 制动压力调节器固定螺栓

(2) ABS 制动压力调节器的检修。

丰田的 ABS 制动压力调节器不能分解检查,主要利用 IT-Ⅱ的主动测试功能在不分解 ABS 制动压力调节器的情况下,操控继电器、电磁阀和回油泵等工作,通过声音来判断它们是否正常。

①连接 IT-Ⅱ,点火开关转到 ON 位置,打开 IT-Ⅱ并进入主动测试功能;

②进行主动测试,主动测试项目如表4-3所示:

ABS 压力调节器主动测试项目表　　表4-3

项　目	车辆状况/测试细节	诊断注释
SFRR	ABS 电磁阀(SFRR)导通/断开	能听到电磁阀的动作(咔咔响声)
SFRH	ABS 电磁阀(SFRH)导通/断开	能听到电磁阀的动作(咔咔响声)
SFLR	ABS 电磁阀(SFLR)导通/断开	能听到电磁阀的动作(咔咔响声)
SFLH	ABS 电磁阀(SFLH)导通/断开	能听到电磁阀的动作(咔咔响声)
SRRR	ABS 电磁阀(SRRR)导通/断开	能听到电磁阀的动作(咔咔响声)
SRRH	ABS 电磁阀(SRRH)导通/断开	能听到电磁阀的动作(咔咔响声)

续上表

项　目	车辆状况/测试细节	诊 断 注 释
SRLR	ABS 电磁阀(SRLR)导通/断开	能听到电磁阀的动作(咔咔响声)
SRLR	ABS 电磁阀(SRLR)导通/断开	能听到电磁阀的动作(咔咔响声)
SFRR&SFRH	ABS 电磁阀(SFRR & SFRH)导通/断开	能听到电磁阀的动作(咔咔响声)
SFLR&SFLH	ABS 电磁阀(SFLR & SFLH)导通/断开	能听到电磁阀的动作(咔咔响声)
SRH&SRR	ABS 电磁阀(SRH & SRR)导通/断开	能听到电磁阀的动作(咔咔响声)
SRLR&SRLH	ABS 电磁阀(SRLR & SRLH)导通/断开	能听到电磁阀的动作(咔咔响声)
SFRH&SFLH	ABS 电磁阀(SFRH & SFLH)导通/断开	能听到电磁阀的动作(咔咔响声)
SOL RELAY	ABS 电磁阀导通/断开	能听到电磁阀的动作(咔咔响声)
ABS MOT RELAY	ABS 电机继电器导通/断开	能听到电机的转动

4)前、后轮速传感器的检修

(1)车前轮速传感器的维修。

①拆下前翼子板内衬,脱开转速传感器连接器。

②如图 4-13 所示,测量连接器端子 1 和端子 2 之间的电阻,在 20℃时,正常电阻应为 1.4～1.8kΩ。

③检查轮速传感器与 ECU 之间线束的连接情况。

④检查齿圈:用手搬动前轮感觉有无明显的轴向摆动,若有明显摆动,检查齿圈的轴向跳动量,轴向跳动量应≤0.3mm。若轴承损坏或轴向间隙过大,则应更换前轮轴承。检查齿圈有无变形或断齿现象。齿圈变形或齿数残缺不全时,应更换齿圈。检查清除齿圈齿隙中的脏物。

⑤检查前轮速传感器的输出电压。

a. 检查前轮速传感器的传感头与齿圈间隙是否符合标准。

b. 将示波器连接到 ECU 连接器的端子 13-26 和 27-28,以 20km/h 驾驶车辆,检查信号波形,正常波形如图 4-14 所示。

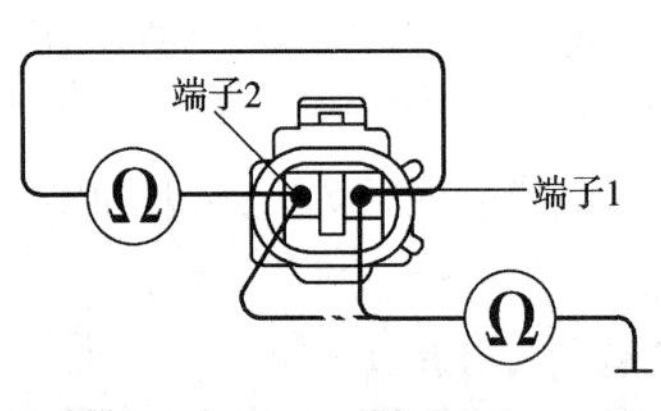

图 4-13　测量轮速传感器电阻值

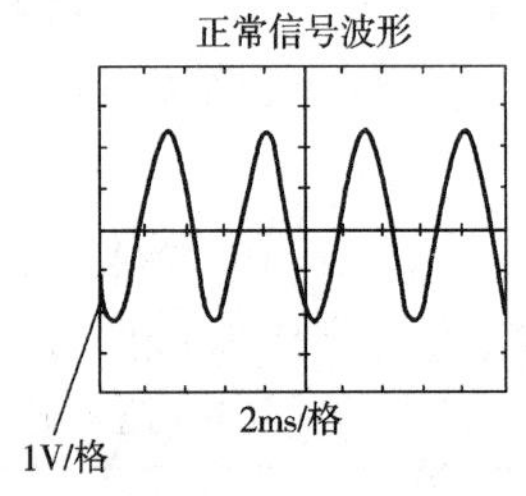

图 4-14　前轮速传感器输出波形

(2)后轮速传感器的维修。

①脱开转速传感器连接器。

②如图 4-15 所示,测量连接器端子 1 和端子 2 之间的电阻,正常电阻应不大于 2.2kΩ。

③检查轮速传感器与 ECU 之间线束的连接情况。

④检查齿圈。

用手搬动前轮感觉有无明显的轴向摆动,若有明显摆动,检查齿圈的轴向跳动量,轴向跳动量应≤0.3mm。若轴承损坏或轴向间隙过大,则应更换前轮轴承。检查齿圈有无变形或断齿现象。齿圈变形或齿数残缺不全时,应更换齿圈。检查清除齿圈齿隙中的脏物。

⑤检查后轮速传感器的输出电压。

检查前轮速传感器的传感头与齿圈间隙是否符合标准。

将示波器连接到ECU连接器的端子6-7和4-5,以20km/h驾驶车辆,检查信号波形,正常波形如图4-16所示。

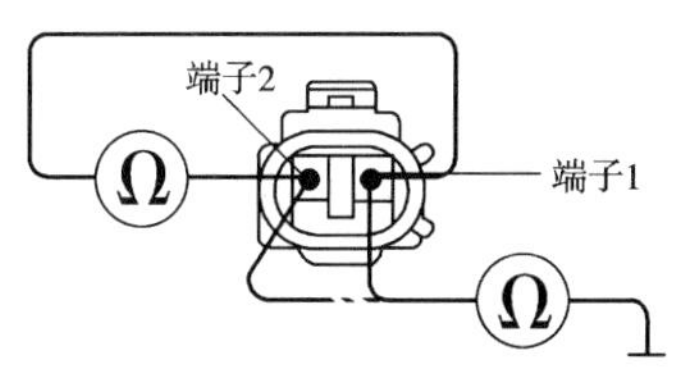

图4-15　测量轮速传感器电阻值

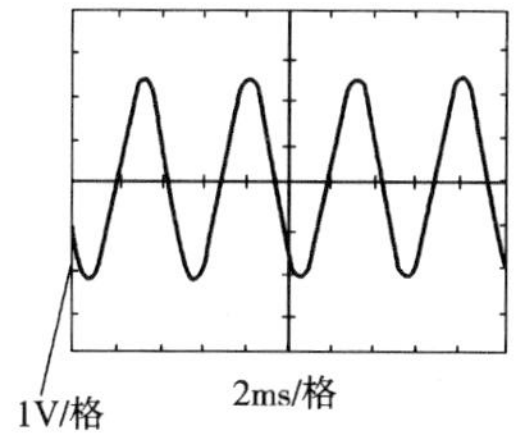

图4-16　后轮速传感器输出波形

5)整理和清洁

整理工具设备,清洁场地。

6　记录与分析(表4-4)

ABS系统故障诊断与检修作业记录单　　表4-4

姓名		班级		学号		组别	
车型		发动机编号		作业单号		作业日期	
检查范围				检查结果			
ABS系统故障诊断							
ABS ECU检查							
ABS压力调节器检查							
ABS轮速传感器检查							
处理意见							
制订修理方法							

三、学习评价

1　理论考核

1)分析题

(1)简述一汽丰田威驰轿车ABS系统的结构特点。

(2)简述ABS系统故障诊断的流程。

(3)试分析ABS系统制动压力调节器的检查方法。

(4)试分析ABS系统轮速传感器的检查方法。

2)判断题

(1)点火开关打开后,ABS警告灯常亮说明ABS系统正常。 ( )

(2)当ABS系统故障时,可以通过解码器读取故障代码,也可以手工读取故障代码。 ( )

(3)ABS系统是用主缸来控制液压力并防止轮胎抱死。 ( )

(4)汽车运行时,只要踩制动踏板,ABS就会起作用。 ( )

(5)车速很高时紧急制动发现制动踏板有轻微震颤,说明ABS出故障了。 ( )

3)选择题

(1)从下面传感器中,选出在ABS系统中使用的传感器。( )

A. 横摆率传感器　　B. 输入涡轮速度传感器

C. 转向角度传感器　　D. 轮速传感器

(2)选择威驰轿车ABS系统执行初始检查的时间。( )

A. 点火开关断开,踩下制动踏板时

B. 在发动机停止后30s

C. 在发动机怠速时

D. 车辆在停车等熄灭时以大于6km/h速度行驶时

2 技能考核

项目的评分表见表4-5。

ABS系统故障诊断与检修项目评分表 表4-5

基本信息	姓名		学号		班级		组别	
	规定时间		完成时间		考核日期		总评成绩	
任务工单	序号	步骤		完成情况			标准分	评分
				完成		未完成		
	1	考核车辆工量具准备					5	
	2	工量具使用					10	
	3	ABS系统的故障诊断					15	
	4	ABS ECU的检查					10	
	5	ABS制动压力调节器的检修					10	
	6	ABS轮速传感器的检修					10	
	7	操作规范					5	
安全							5	
5S							5	
沟通表达							5	
工单填写							10	
工艺制订							10	

学习任务5 检测诊断与排除 ESP 系统故障

工作情境描述

某一汽大众汽车维修站接收一辆大众速腾2.0L 轿车(采用手动变速器),根据车主反映,在行驶中出现仪表盘上的 ESP 故障报警灯常亮的现象。试车验证故障现象,发现确实存在上述现象。

请通过检测 ESP 系统,判断 ESP 系统技术状况;若需要修复该故障,请制订 ESP 系统修复方法和合理的工艺流程。

学习目标

通过本任务的学习,应能:

1. 叙述速腾车型 ESP 系统的结构及工作原理;
2. 正确对 ESP 系统进行目检;
3. 利用解码器读取 ESP 系统故障码,并能够按故障码对电控元件进行检测及维修;
4. 根据维修手册,正确对 ESP 系统常见故障进行诊断排除。

学习时间

8 学时。

学习引导

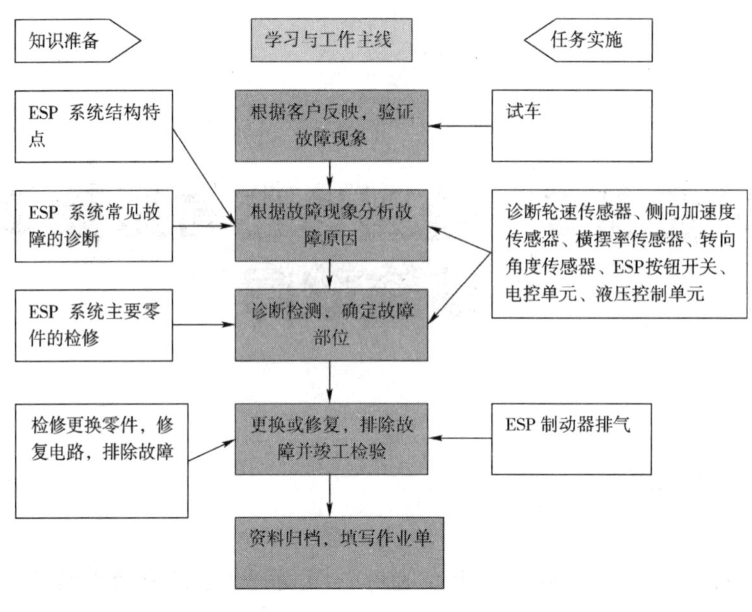

一、知 识 准 备

(一)大众速腾轿车 ESP 系统的结构特点

一汽大众公司生产的速腾轿车配备的是德国大陆(ATE)MK60 版本的四通道 ESP 系统。速腾 ESP 系统的组成见图 5-1 所示，包括电子控制单元(ECU)、液压控制装置、4 个轮速传感器、转向盘转角传感器、横向偏摆率传感器、轮速度传感器脉冲环及 ESP 控制开关等，其中电子控制单元与液压调节器是一体。下面介绍各组成部分的基本作用。

1 电子控制单元

电子控制单元(ECU)的功能是将传感器采集到的车身状态数据进行计算，然后将计算出的结果与存储器中预先设定的数据进行对比。当电脑计算数据超出存储器预存的数值，即车身临近失控或者已经失控时则命令执行器工作，以保证车身行驶状态能够尽量满足驾驶人的意图。

速腾的电子控制单元与液压控制装置集成在一起组成一个总成，如图 5-2 所示。电子控制单元持续监测并判断的输入信号有：蓄电池电压、车轮速度、转向盘转角、横向偏摆率以及点火开关接通、停车灯开关、串行数据通信电路等信号。根据所接收的输入信号，电子控制单元将向液压控制装置、发动机控制模块、组合仪表和串行数据通信电路等发送控制信号。

控制单元通过仪表板线束中的正极连接获得供电，电路如图 5-3 所示。

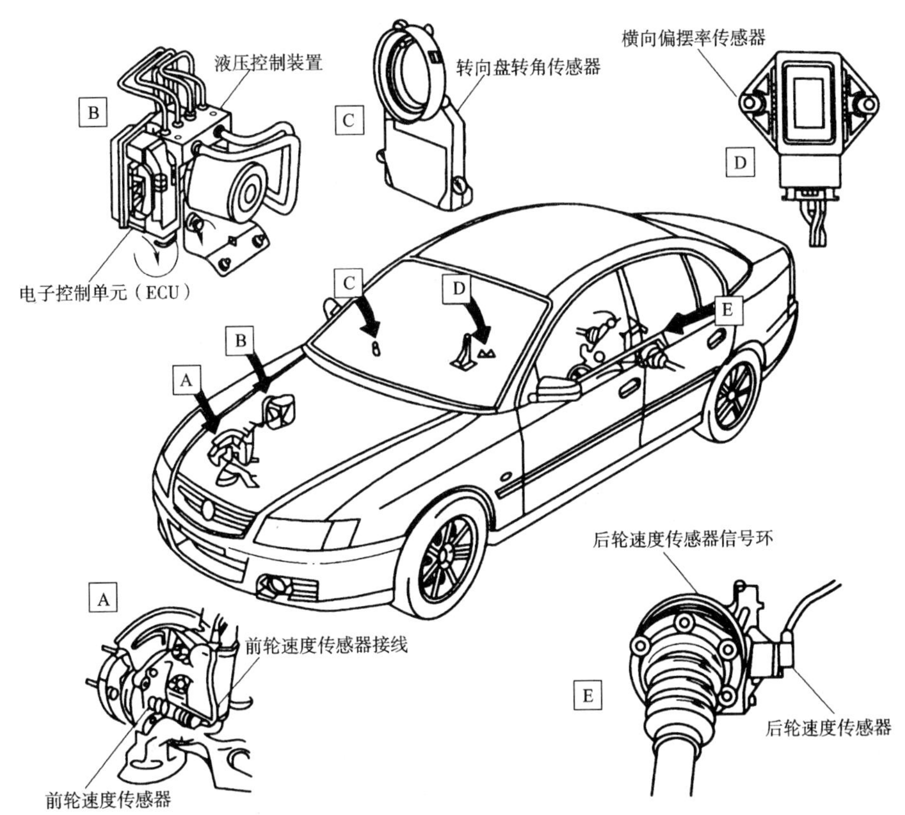

图5-1　速腾ESP系统零件位置及其组成

速腾的电子控制单元是ABS/TCS/ESP系统的控制中心。当点火开关接通时，电子控制单元会不断进行自检，以检测并查明ABS/TCS/ESP系统的故障。控制单元会随时监控所有电气连接，并定期检查电磁阀的功能。此外，电子控制单元在每个点火循环都执行自检初始化程序。当车速达到约15km/h时，初始化程序启动。在执行初始化程序的过程中，电子控制单元会向液压调节器发送一个控制信号，控制各个电磁阀及泵电动机动作，以检查各部件工作是否正常。如果泵或电磁阀不能正常工作，电子控制单元会设置一个故障诊断码。当车速超过15km/h时，电子控制单元会将输入和输出逻辑序列信号与电子控制单元中所存储的正常工作参数进行比较，以不断监测ABS/TCS/ESP系统。如果有任何输入或输出信号超出正常工作参数范围，则电子控制单元就会设置故障诊断码。

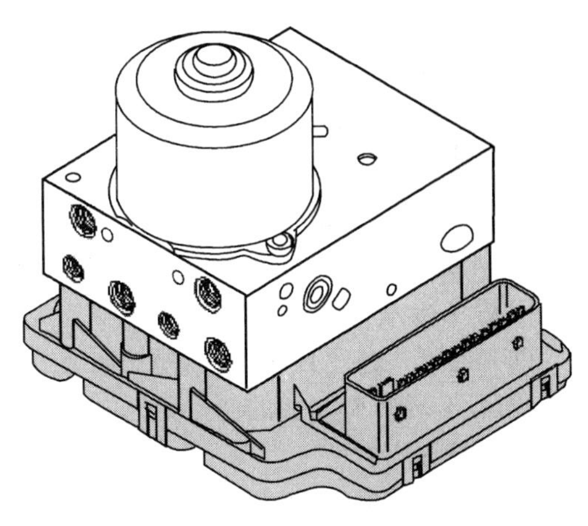

图5-2　带EDS/ASR/ESP的ABS控制单元

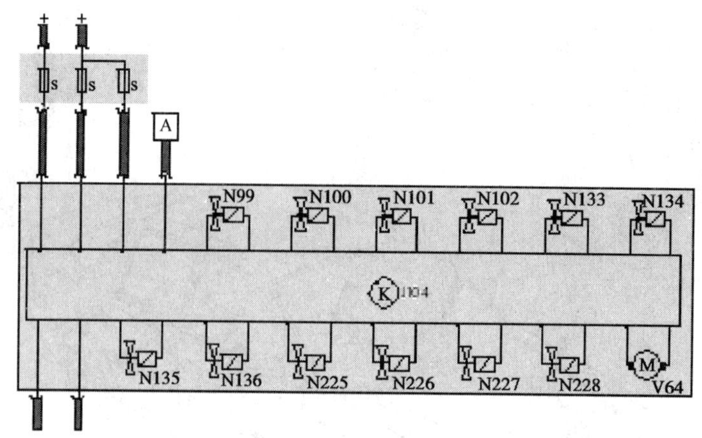

图 5-3　ESP 系统控制单元电路

如果控制单元失效(一般不太可能),制动系统仍具有普通制动系统的功能,但 ABS、EDS、EBV、MSR、ASR 及 ESP 不起作用。

2　液压控制装置

速腾的液压控制装置采用了前、后分离的四通道回路结构,每个车轮的液压制动回路都是隔离的,这样当某个制动回路出现泄漏时仍能继续制动。液压调节器总成根据电子控制单元发送的控制信号调节制动液压力。

该单元在发动机舱内的一个梁上。车型不同,安装位置也不同。液压单元的两个制动管是按对角线布置的。与以前的 ABS 单元相比,现在的单元每个制动管都装有一个转换阀和一个吸液阀。回液泵是自吸式的。

其中的转换阀为:行驶动态调节分配阀——N225 和 N226。

而吸液阀为:行驶动态调节高压阀——N227 和 N228。

系统在作用过程中有三种状态:建立压力、保持压力和卸压。图 5-4 为其中一条制动管路及一个车轮所包含的 ESP 系统液压控制部件。

1)建立压力

助力器产生一个预压力,以便使回液泵吸液。N225 关闭,N227 打开。进液阀保持打开状态,直至车轮得到足够的制动力,如图 5-5 所示。

2)保持压力

所有的阀都关闭,如图 5-6 所示。

3)卸压

出液阀打开,N225 根据压力大小打开或关闭。N227 和进液阀关闭。制动液经 N225 和串联主缸(THZ)流入储液罐,如图 5-7 所示。

如果不能保证这些阀的功能,整个系统就关闭了。所有的阀和泵都始终处于电气监控下,如有电气故障,必须更换控制单元。

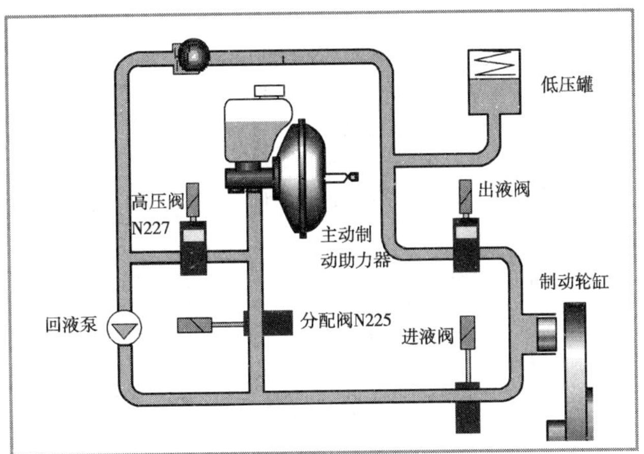

图 5-4　ESP 系统所包含液压控制部件

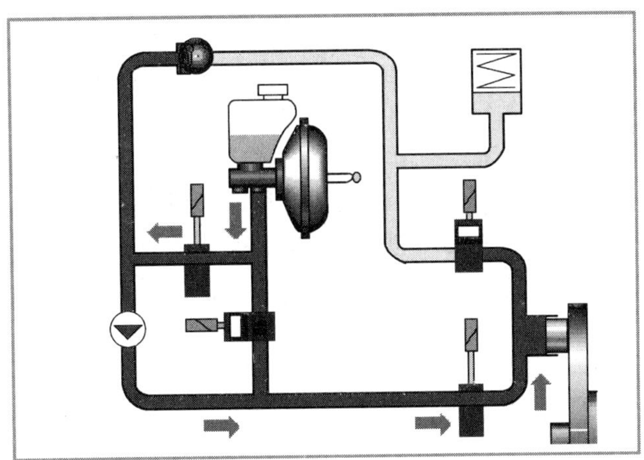

图 5-5　ESP 系统压力建立示意图

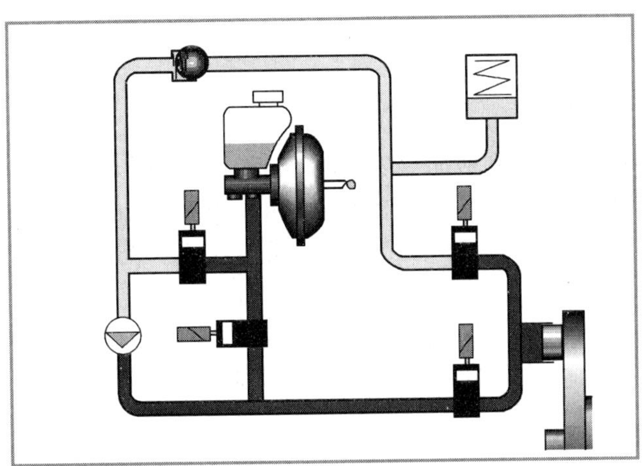

图 5-6　ESP 系统压力保持示意图

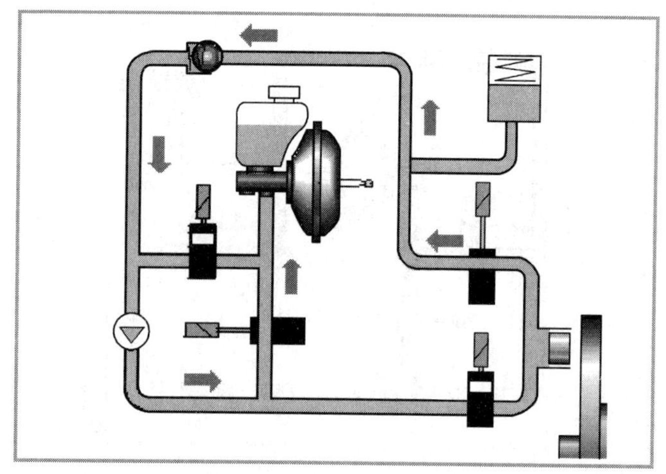
图 5-7　ESP 系统卸压示意图

液压控制装置，正常情况下执行制动助力功能；当车轮在加速或减速过程中出现滑移时，执行 TRC 和 ABC 功能；当汽车出现侧滑时，把受到控制的制动液压加到每个车轮上。

3　ASR/ESP 开关

该按键一般在组合仪表区域，如图 5-8 所示。根据车型不同稍有不同。

驾驶人用该按键可关闭 ESP/ASR 功能，ASR/ESP 指示灯可指示此时的状态。再次按下该键可再次接通 ASR/ESP 功能。如果忘了再次接通该按键，那么当重新起动发动机时，该系统自动被激活。

ESP 在下述情况下应关闭：

(1)车在深雪或松软土地上艰难行进时；

(2)车带防滑链行驶时；

(3)车在功率检测试验台上检测时。

当 ESP 正在工作时是无法关闭 ESP 的。如果该按键损坏，ESP 就无法关闭了。自诊断不能诊断该按键的故障。

4　转向盘转角传感器

该传感器在转向柱锁开关和转向盘之间的转向柱上，如图 5-9 所示。安全气囊的带滑环的复位环集成在该传感器内且位于该传感器下部。该传感器的作用是将转向盘的转角信息传递给带 EDS/ASR/ESP 的 ABS 控制单元。角度的变化范围为 ±720°，也就是说转向盘转四圈。

角度的测量是通过光栅原理来实现的。转向盘转角传感器基本结构如图 5-10 所示。

编码盘由两个环构成，一个是绝对环，另一个是增量环。每个环由两个传感器进行扫描。

5　偏转率传感器

由于偏转率传感器需安装在重心附近，因此该传感器与横向加速度传感器安装在同一个支架上，如图 5-11 所示。

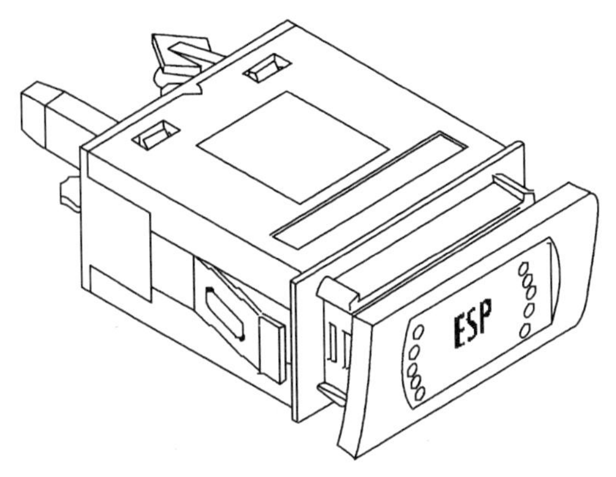

图 5-8　ESP 开关

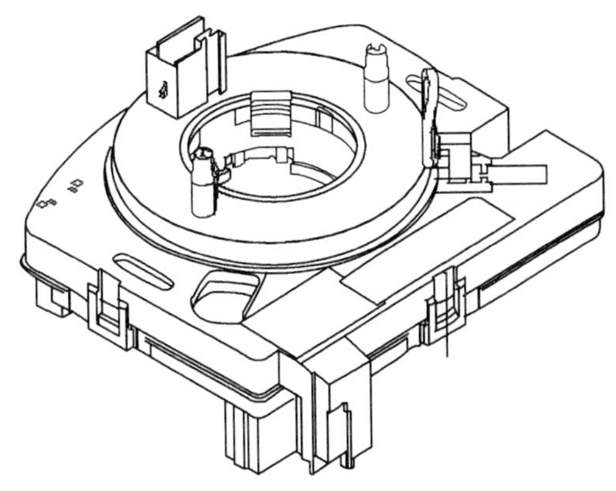

图 5-9　转向盘转角传感器

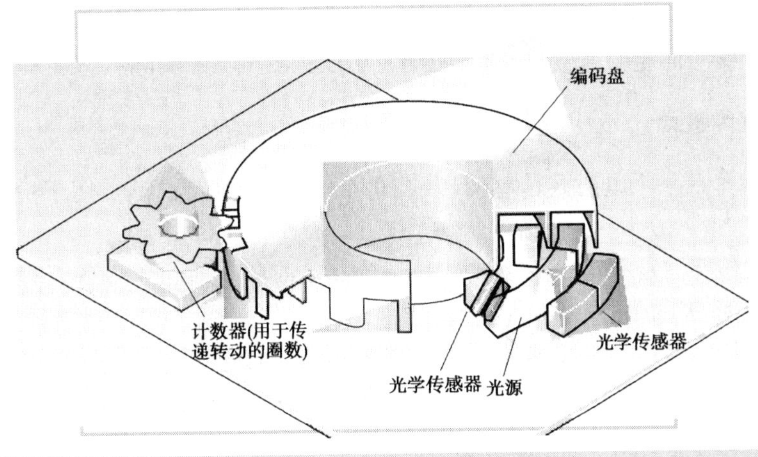

图 5-10　转向盘转角传感器原理结构图

该传感器用于确定车身上是否作用有转矩。根据传感器的安装位置可确定是绕空间的哪个轴转动。在 ESP 系统中，该传感器用于确定车辆是否绕垂直轴转动，即偏转率或转动率传感器。

如果没有偏转率传感器信号，控制单元就无法识别出车辆是否有离心趋势，ESP 功能也就失效了。

在诊断中将确定是否有导线断路及对搭铁/正极短路，系统还将进一步确定传感器信号是否可靠。

6　横向加速度传感器

由于物理方面的原因，该传感器应尽量与汽车重心离的近一些。传感器的安装位置及调整不可以改变，它位于转向柱右侧，与偏转率传感器固定在同一支架上，如图 5-12 所示。

横向加速度传感器用于判断有哪个方向的侧向力，它提供了一个重要的基础信息，该信息用于评估在当前道路上行驶时应保证哪些车辆运动处于稳定状态。

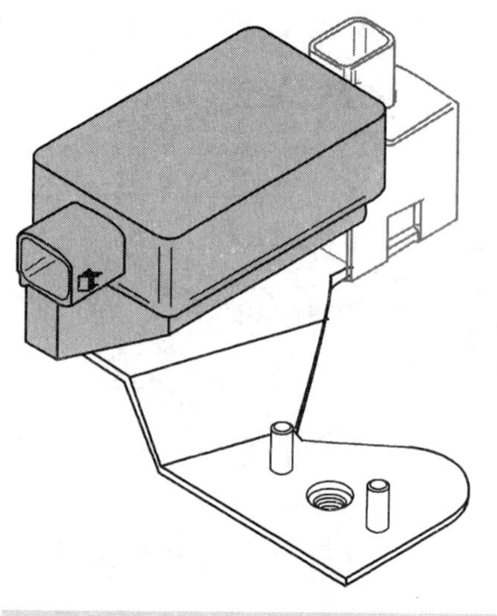
图 5-11　偏转率传感器

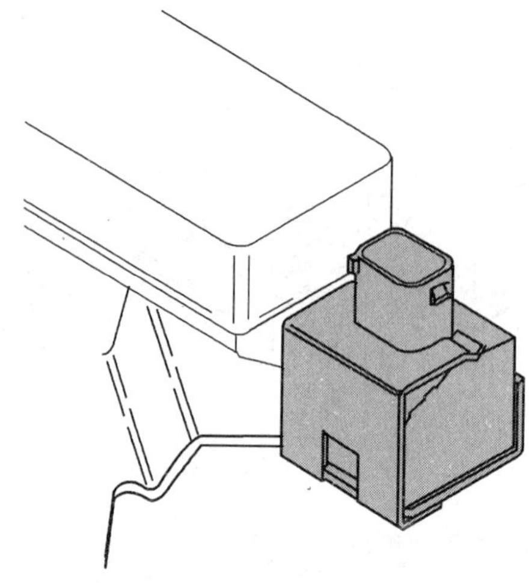
图 5-12　横向加速度传感器

如果缺少横向加速度信息，控制单元则无法计算出车辆的实际状态，ESP 就会失效。

7 轮速传感器

轮速传感器是一个电磁式传感器，装在每个车轮的相应位置上，用于检测车轮转动的角速度。

前轮速度传感器是前轮轮毂总成的一部分。左前和右前轮轮毂各装有一个车轮速度传感器和一个 48 齿的磁脉冲信号环。

后轮速度传感器位于主减速器后盖的支架上，左、右各有一个。后轮速度传感器信号环是主减速器内车桥凸缘的一部分，不用单独维修。前、后轮速传感器的位置分别如图5-13 和图 5-14 所示。

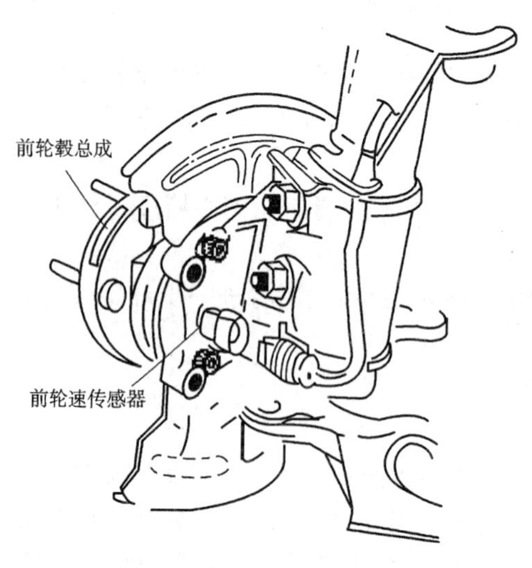

图 5-13　前轮速度传感器

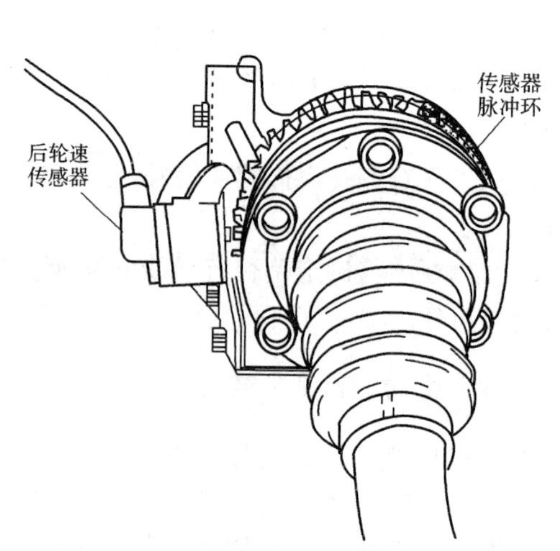

图 5-14　后轮速度传感器

8　制动压力传感器

制动压力传感器G201和G214，如图5-15所示。这两个传感器都拧在串联主缸上。该传感器是双重布置的，以便尽可能保证安全性。

该传感器向发动机控制单元送出制动管路内的实际压力信号，发动机控制单元根据这个压力信号计算出车轮制动力及作用在车上的纵向力。如果需要ESP工作，控制单元会将此值用于计算侧导向力。

两个传感器同时出现故障是不可能的。如果控制单元没有接收到其中任一传感器的信号，那么ESP就停止工作了。

在诊断过程中将确定导线是否断路及对正极/搭铁短路。系统还将检查这两个传感器信号是否可靠。

9　带串联主缸的主动式制动助力器

该制动助力器除完成普通功能外(即借助于进气歧管或真空泵的真空来加大踏板力)，它还要为ESP建立起预压力，因为回液泵的吸液特性决定它并不是总能产生足够大的压力(原因是低温时制动液的黏度太大)，所以建立起预压力的工作是很有必要的，如图5-16所示。

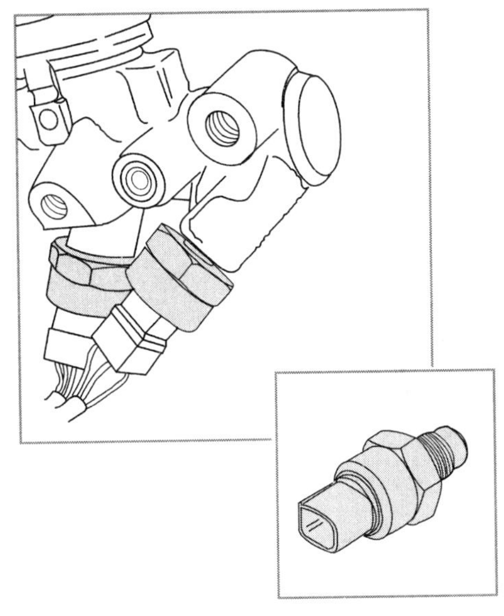

图5-15　制动压力传感器

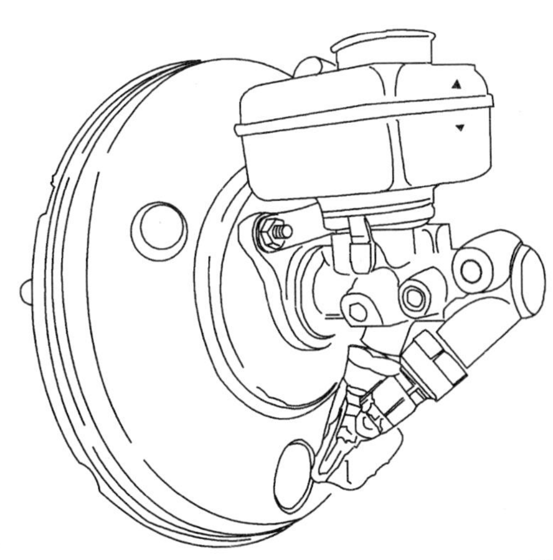

图5-16　带串联主缸的主动式制动助力器

如果电磁线圈或开关有故障，ESP功能就失效了。通过系统自诊断，可识别出下列故障：导线断路、对正极/搭铁短路、部件损坏。

该助力器由改进过的串联主缸和制动助力器组成。制动助力器分成真空部分和压力部分，由膜片分开。另外还有一个活塞电磁单元，如图5-17所示。

活塞电磁单元与ESP系统之间有电气连接。它由以下部件构成：ESP制动识别开关F83、制动压力电磁线圈N247和空气导向阀，如图5-18所示。

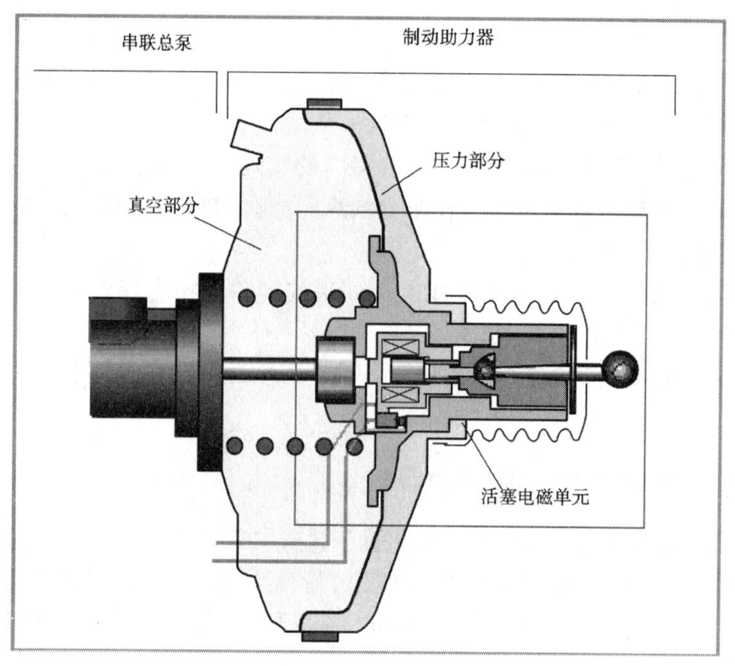

图 5-17　带串联主缸的主动式制动助力器组成图

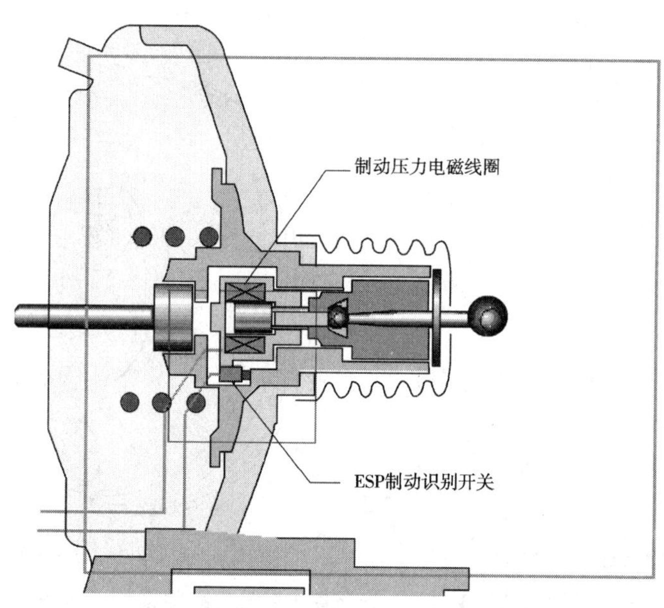

图 5-18　主动式制动助力器活塞电磁单元示意图

ESP 制动识别开关也叫释放开关，它其实就是一个换向开关。在未踏下制动踏板时，中央触点是与信号触点 1 相连的；踏下制动踏板后信号触点 2 就合上了，见图 5-19。因为触点接合准确，所以开关的信号也清晰。因此这个释放开关有很高的安全性。

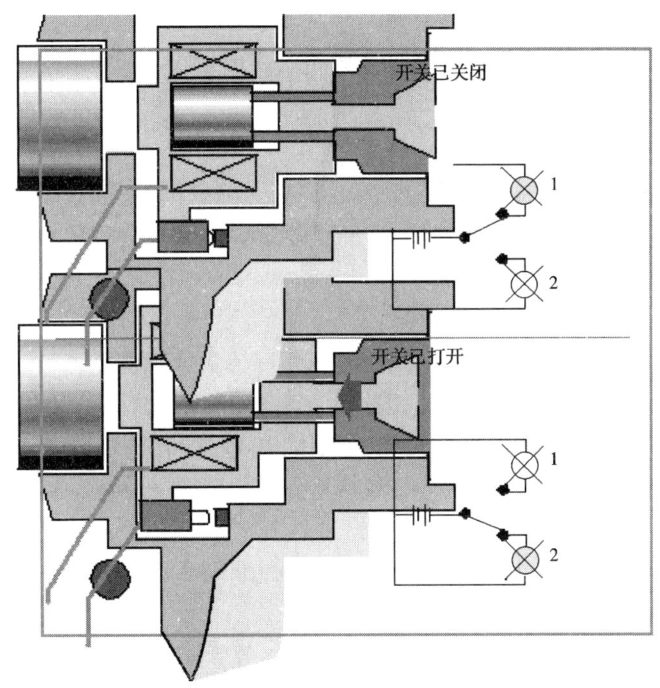

图5-19　ESP制动识别开关示意图

(二)ESP系统的诊断方法

诊断ESP故障时,按照设定的程序和方法可读取故障码。维修人员可根据故障码的含义确定故障的范围,节省维修时间,提高维修效率。常用的诊断方法有下列几种:

1　ESP自诊断

ESP自诊断是依靠其电子控制单元对系统外部电路进行自检,若发现异常,电脑则将其故障信息储存,并点亮ESP警告灯。ESP的自检又包括静态(点火开关接通,汽车不行驶)和动态(汽车行驶)两种情况。

1)静态自检

当点火开关一接通,ESP电子控制单元就立即对系统外部电路进行自检,仪表板上的制动警告灯、ABS警告灯和ESP警告灯会亮起,若系统正常(放松手制动),警告灯2~3s内熄灭,自检过程完成;若系统不正常,警告灯将持续点亮,ECU会将故障信息以代码形式储存,同时关闭ESP系统,提示驾驶人应该进行检修。

2)动态自检

汽车行驶达到规定速度后,ESP电子控制单元检查系统各个传感器的可靠性(侧向加速度传感器、横摆率传感器和制动压力传感器、转向盘角度传感器)。若发现异常,则点亮ESP警告灯,存储故障代码,关闭ESP系统。

2 人工诊断

ESP 系统的人工诊断包含人工获取故障信息(人工调码)和使用常用设备(如万用表)进行故障点的查找两方面的内容。

1)人工读取故障码

人工读取故障码的方式通常有:通过 ABS 警告灯闪烁读取、通过电子控制单元盒上的二极管灯读取、通过自制的发光管灯读取、通过自动空调面板读取等几种。人工读取故障码的方式不常使用,故在此不再详细介绍。

2)使用常用设备进行故障点的查找

当 ESP 警告灯点亮后,又无诊断检测设备可帮助诊断故障原因时,可使用常规设备(如万用表)进行故障点的查找和排除。使用这种方法进行 ESP 故障诊断和检修,可借助人工调码及参考维修手册先明确故障点的位置和原因,再进一步查找;或者在弄清 ESP 系统工作原理和电路连接关系后,再使用万用表对其外部电路进行检查,查明故障原因并给予检修。

ESP 故障排除后,应将电子控制单元所存储的故障码清除。

3 仪器诊断

故障码扫描仪可以从 ESP 系统的电子控制单元存储器中读取故障码,同时还具有故障码翻译、检测步骤指导和基本判断参数提供等功能。

利用大众公司故障诊断仪 VAS5051 不仅可以读取、清除故障码,还可以阅读数据流并进行液压控制单元电磁阀测试、电子稳定控制系统液压回路测试、系统排气测试等。因 VAS5051 为菜单提示操作,这些功能按 VAS5051 屏幕的提示操作即可完成。在对 ABS-TCS/ESP 进行检修之前,应先排除常规制动系统故障。

(三)ESP 系统的检修方法

1 目视检查

最初的目视检查,可以发现比较明显的故障,能够节省时间,提高维修效率。

1)检查管路

(1)检查储液罐中的制动液应处于“MAX”和“MIN”刻度线之间。

(2)检查整个系统的管路、接头应无凹瘪、严重锈蚀、裂纹现象,连接应可靠无渗漏。

(3)检查金属管路用的管夹牢固可靠,不得与车架及其他部件相碰擦,在行车过程中不得产生较大振幅的振抖。

(4)检查管路软管应舒展无折叠,无脱皮、老化、膨胀等缺陷,否则应采用相应的措施进行维修。

2)检查制动器有无拖滞现象

抬起制动踏板后,全部或个别车轮的制动作用不能立即完全解除,以致影响了车辆重新起步、加速行驶或滑行。如果检测出制动器有拖滞现象,利用下面方法进行故障原因判断及排除：

(1)车辆行驶一段路程后，用手触摸各车轮制动鼓，若全部制动鼓都发热，说明故障发生在制动主缸；若个别车轮发热，则说明故障发生在车轮制动器。

(2)如故障在主缸，应首先检查踏板自由行程。若自由行程合乎要求，可将主缸储油室盖打开，并连续踏下和放松制动踏板，看其回油情况。如不能回油则为回油孔堵塞；如回油缓慢，则是皮碗、皮圈膨胀或复位弹簧无力，应拆下制动主缸分解检修。同时还应观察踏板复位情况，如踏板不能迅速或回不到原位，说明踏板复位弹簧过软或折断，应更换。

(3)如故障在车轮制动器，应先拧松放气螺钉，若制动液急速喷出，制动蹄复位，则为油管堵塞，轮缸不能回油所致，应疏通油管。如果制动蹄仍不复位，则应调整摩擦片至制动鼓之间的间隙。

(4)如经上述检修和调整均无效时，应拆下制动鼓检查轮缸活塞皮碗与复位弹簧的状况以用制动蹄片销的活动情况，必要时，进行修复或更换。

3)检查继电器、熔断丝

检查所有继电器、熔断丝是否完好，插接是否牢固。

4)检查电子控制单元和液压调节器总成

(1)检查电子控制单元和液压调节器总成的线束插头应无松动，接触良好；管脚应无腐蚀，否则应清除干净。

(2)检查电子控制单元和液压调节器总成的输入电源及搭铁情况。

5)检查传感器及线路

(1)检查轮速传感器安装固定有无松动；传感器和齿圈是否吸有磁性物质和污垢；传感器导线是否破损、老化；插接器是否连接牢固和接触良好，如有锈蚀、脏污，应清除，并涂少量防护剂，然后重新将导线插入插接器。

(2)检查转向盘转角传感器安装固定有无松动，传感器导线是否破损、老化；插接器是否连接牢固和接触良好，如有锈蚀、脏污，应清除，并涂少量防护剂，然后重新将导线插入插接器。

(3)检查横向偏摆率传感器安装固定有无松动，传感器导线是否破损、老化；插接器是否连接牢固和接触良好，如有锈蚀、脏污，应清除，并涂少量防护剂，然后重新将导线插入插接器。

6)检查蓄电池电压

检查蓄电池电压是否在规定范围内。

2　自诊断

电子控制系统出现故障后，控制单元可记忆相应的故障码。用大众公司故障诊断仪VAS5051可以读取、清除故障码，还可以阅读数据流并进行液压控制单元电磁阀测试、电子稳定控制系统液压回路测试、系统排气测试等。在对ABS/TCS/ESP进行检修之前，应先排除常规制动系统故障。

3　制动器排气

ABS/TCS/ESP系统制动器排气程序具体步骤如下：

(1)连接 VAS5051,起动发动机并怠速运行;

(2)执行"VAS5051 制动器排气程序"中所列的提示;

提示:在执行该程序期间,确保制动主缸中的制动液液位不低于最低液位。

(3)关闭点火开关,并从诊断座(DLC)上断开 VAS5051;

(4)用规定的制动液加注制动主缸储液罐至最高液位;

(5)执行上面的常规制动系统制动器排气操作;

(6)关闭点火开关,踩下制动踏板 3~5 次,以耗尽制动助力器的真空储备压力;

(7)缓慢踩下制动踏板,如果感觉制动踏板绵软,重复 ABS-TCS/ESP 制动器排气操作;

(8)重复 ABS/TCS/ESP 排气操作后,如果仍然感觉制动踏板绵软,检查制动系统是否存在外部或内部泄漏;

(9)保持发动机熄火并且不使用驻车制动器,然后接通点火开关,如果驻车制动器/制动器故障指示灯保持点亮,先诊断并排除故障;

(10)路试车辆,执行 ABS/TCS/ESP 自检初始化程序,如果感觉制动踏板绵软,重复 ABS-TCS/ESP 制动器排气操作,直到制动踏板感觉坚实;

(11)检查 ABS/TCS/ESP 系统的操作。

注意:在执行 ABS/TCS/ESP 制动器排气之前,必须完成常规的制动系统排气程序。原因是:液压制动系统渗入空气后,随制动力增加,空气受到压缩,制动力减少,将造成制动的失效。液压制动系统修复安装后,应加注制动液,排出制动系统中的空气。具体步骤如下:

①将一根软管一头接在放气螺栓上,一头插入容器中,如图 5-20 所示。

②一人用力迅速踩下并缓慢放松制动踏板,如此反复数次后,踩下制动踏板,并保持一定高度使之不动。

③另一人拧松放气螺钉,管路中空气随着制动液顺着胶管排出制动系统,排出空气后再将放气螺钉拧紧。

④重复上述步骤多次,直至容器中制动液里无气泡为止,但同时注意主缸上储液罐是否有制动液。

⑤在排气过程中,随时检查贮油室内的液面高度,不足时,加注制动液,取下胶管,套上防尘罩,将主缸储液罐内的制动液添加到规定的高度。

提示:在加注制动液之前,应清洗制动主缸和盖,防止污垢进入制动主缸储液罐。在加注制动液时,应注意,各厂家生产的制动液化学成分不同,不能混合使用。

4 转向盘转角传感器的校准

电子控制单元监测并判断转向盘转角传感器的输出信号,当车辆沿直线行驶了 15min 或以上时,电子控制单元会将该行驶方向设定为正前方向。如果电子控制单元检测到转向盘转角传感器角向偏离正前方向,如果偏离度等于或小于 15°,则电子控制单元自动执行转向盘转角传感器校准。如果偏离度大于 15°,则设置"转向盘转角传感器故障"。转向盘转角传感器可使用 VAS5051 重新校准,具体操作步骤如下。

①路试车辆并记录车辆笔直向前行驶时的转向盘位置。

②将VAS5051连接到车辆上,并执行“VAS5051转向盘转角传感器校准程序”中的提示。

③检查ABS/TCS/ESP系统的操作。

5 电子控制单元和液压总成的检查

电子控制单元和液压调节器总成检修是系统维护和故障诊断的主要组成部分,应按技术标准对电子控制单元和液压调节器总成进行检修。电控单元出现故障后,制动系统保持常规制动,但ABS/ASR/ESP功能均失效。当电磁阀功能出现不可靠故障,整体系统关闭,ESP功能失效。

电子控制单元和液压总成集成为一体,如图5-21所示,在保修期内,不要拆解电子控制单元和液压总成。

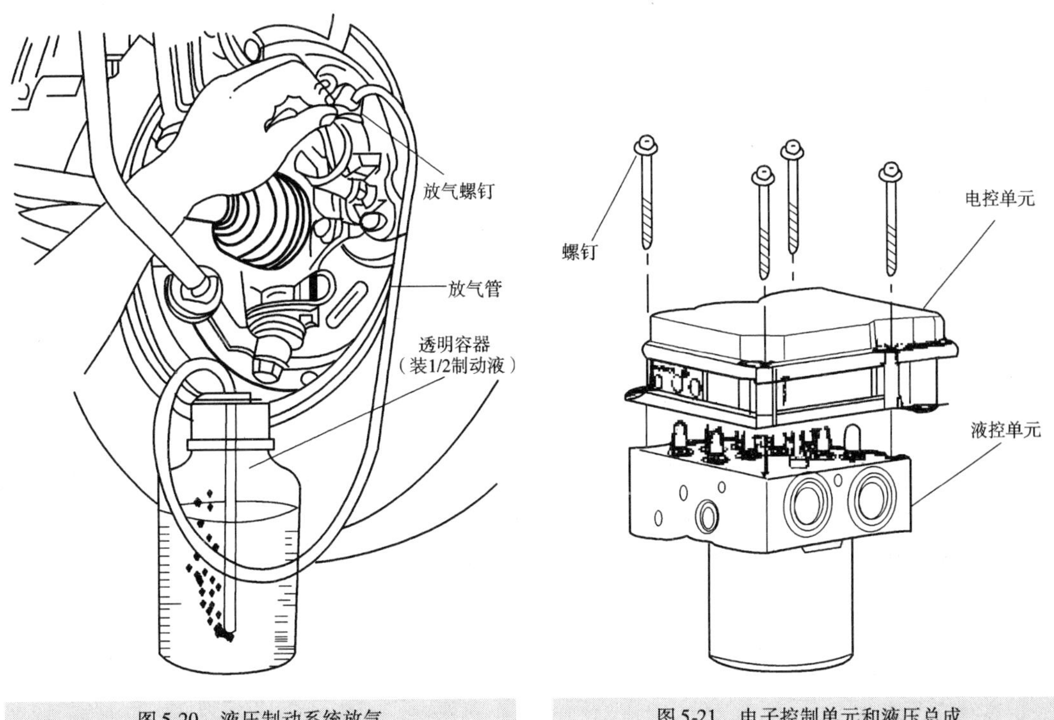

图5-20 液压制动系统放气

图5-21 电子控制单元和液压总成

6 轮速传感器的检查

速腾4个车轮速度传感器均为电磁式传感器,传感器气隙不可调。检查轮速传感器时,可用万用表测量传感器阻值,也可用示波器测量传感器的输出波形。温度在20℃时,传感器的电阻正常值为1.3~1.8kΩ。

(四)ESP系统检修注意事项

(1)电控单元对过电压、静电非常敏感,如有不慎就会损坏电控单元中的芯片,造成整个电控单元“瘫痪”。因此，点火开关接通时不要插或拔电控单元上的连接器；在车上进行电焊之前，要戴好防静电器，拔下电控单元上的连接器后再进行电焊；给蓄电池进行专门充电时，要将电池从车上拆卸下来或摘下蓄电池电缆后再进行充电。

(2)维修车轮速度传感器时一定要十分小心。拆卸时注意不要碰伤传感器头，不要撬传感器齿圈，以免损坏。安装时应先涂覆防锈油，安装过程中不可敲击或用力过大。一般情况下，传感器气隙是可调的(也有不可调的)，调整时应使用非磁性塞卡，如塑料或铜塞卡，当然也可使用纸片。

(3)维修液压控制装置时，切记要首先进行泄压，然后再按规定进行修理。例如制动主缸和液压调节器设计在一起的整体 ABS，其蓄压器存储了高达 18 000kPa 的压力，修理前要彻底泄去，以免高压油喷出伤人。

(4)制动液要至少每隔两年换一次，最好是每年更换一次。这是因为 DOT3 乙二醇型制动液的吸湿性很强，含水分的制动液不仅使制动系统内部产生腐蚀，而且会使制动效果明显下降，影响制动系统的正常工作。注意不要使用 DOTS 硅酮型制动液，更换和存储的制动液的器皿要清洁，不要让污物、灰尘进入液压控制装置，制动液不要沾到电控单元和导线上。

二、任务实施

项目1 检测与修复大众速腾轿车 ESP 故障报警灯常亮故障

1 项目说明

一辆大众速腾 2.0L 轿车(采用手动变速器)，在行驶中出现仪表盘上的 ESP 故障报警灯常亮的现象。试车验证故障现象，发现确实存在上述现象。用 VAS5051 进行故障查询，发现多个系统的控制单元内都有较多的故障代码储存，而且都是偶发性故障。询问该车车主得知，该车因此故障曾在其他的一汽大众 4S 店维修过，断开过蓄电池负极电缆，试着调换过车载网络控制单元(J519)。通过技师诊断，确定故障在传感器。

通过本项目的实施，掌握 ESP 系统故障的检修方法，并能制定维修规范。

2 技术要求

每个学员独立完成此项目。

3 设备器材

(1)速腾轿车一辆；

(2)大众公司故障诊断仪 VAS5051；

(3)汽车万用表；

(4)基本维修工具；

(5)导线若干。

4 作业准备

(1)对车辆进行初步检查;
(2)检查仪器是否正常;
(3)准备作业单;
(4)查看维修手册。

5 操作步骤

根据以上情况分析,该车的众多偶发性故障代码是由断开过蓄电池负极电缆和车载网络控制单元导线连接器引起的,但这并不会直接导致ESP故障报警灯常亮。

(1)将点火开关置于ON位,用VAS5051清除故障代码后,ESP故障报警灯熄灭,接着断开点火开关,退出VAS5051诊断程序。

(2)对该车再次进行路试,当行驶了一段路程后ESP故障报警灯点亮。再次用VAS5051进行检测,发现ABS控制单元内有一个永久性的故障代码无法清除,故障代码是00493,含义是ESP传感器单元(G419)无信号/通信。

G419传感器单元内部集成安装了G200(横向加速度传感器)和G202(偏转率传感器),根据故障代码的提示进行分析,首先怀疑故障代码是由于传感器单元的导线侧连接器没有接触好而发生的。

(3)拆下前乘员座椅(G419传感器单元装在该座椅下),仔细检查G419传感器单元导线侧连接器,连接状况良好,没有发现任何疑点,重新安装好该导线侧连接器。

(4)在不安装前乘员侧座椅的情况下进行试验。接通点火开关,仪表盘上的ESP故障报警灯经过几秒钟的自检后就熄灭了,用VAS5051检测,发现故障代码00493变为偶发性故障了,将其清除后,反复试车,ESP故障报警灯没有点亮,一切正常。

但当安装好前乘员侧座椅和其他部件准备交车前最后试车时,在行驶中ESP故障报警灯又点亮了。

(5)再次用VAS5051检测,发现故障代码00493变为永久性故障了。于是将疑点转移到前乘员侧座椅与G419传感器单元的关系上。

前乘员侧座椅的调节为机械式的,再次拆下该座椅作进一步检查。发现G419传感器单元的线束是从该座椅下面的地胶下面穿过的,而且该车的地胶是用户买车后加装的,扒开地胶仔细检查G419连接线束,发现该线束在拐弯处有被挤压的现象,而且原车的线束固定卡子已被人为破坏,包开线束的外皮发现有一根绿/黄色导线的绝缘皮已被磨破。

(6)将其包扎固定后,重新安装好地胶和前乘员侧座椅,并用VAS5051清除故障代码,经过长时间试车,上述现象一直没再出现。

根据以上的检查过程和诊断结果,认为该车ESP故障报警灯常亮的原因是在更换地胶时,破坏了G419传感器单元连接线束的固定卡子,以致该线束的走向发生改变,被前乘员侧座椅挤坏了绝缘层而出现对搭铁短路。

6 记录与分析(表5-1)

检测与修复速腾轿车ESP故障报警灯常亮故障 表5-1

<table>
<tr><td>姓名</td><td></td><td>班级</td><td></td><td>学号</td><td></td><td>组别</td><td></td></tr>
<tr><td>车型</td><td></td><td>发动机编号</td><td></td><td>作业单号</td><td></td><td>作业日期</td><td></td></tr>
<tr><td colspan="2">工作过程</td><td colspan="6">作业记录内容</td></tr>
<tr><td colspan="2">故障现象描述</td><td colspan="6"></td></tr>
<tr><td colspan="2">车辆状况初步检查</td><td colspan="6"></td></tr>
<tr><td colspan="2" rowspan="2">读取故障代码</td><td colspan="2">故障代码记录</td><td colspan="4"></td></tr>
<tr><td colspan="2">故障分析</td><td colspan="4"></td></tr>
<tr><td colspan="2">线路测试</td><td colspan="2">实测</td><td colspan="2">标准</td><td colspan="2">功能确认(工作是否正常)</td></tr>
<tr><td colspan="2"></td><td colspan="2"></td><td colspan="2"></td><td colspan="2"></td></tr>
<tr><td colspan="2"></td><td colspan="2"></td><td colspan="2"></td><td colspan="2"></td></tr>
<tr><td colspan="2"></td><td colspan="2"></td><td colspan="2"></td><td colspan="2"></td></tr>
<tr><td colspan="2" rowspan="2">应用维修资料</td><td colspan="2">维修手册</td><td colspan="4"></td></tr>
<tr><td colspan="2">电路图</td><td colspan="4"></td></tr>
<tr><td colspan="2">元器件功能检测</td><td>元件位置</td><td>检测条件</td><td>实测</td><td>标准</td><td colspan="2">工作是否正常</td></tr>
<tr><td colspan="2"></td><td></td><td></td><td></td><td></td><td colspan="2"></td></tr>
<tr><td colspan="2"></td><td></td><td></td><td></td><td></td><td colspan="2"></td></tr>
<tr><td colspan="2"></td><td></td><td></td><td></td><td></td><td colspan="2"></td></tr>
<tr><td colspan="2"></td><td></td><td></td><td></td><td></td><td colspan="2"></td></tr>
<tr><td colspan="2">使用其他仪器检测</td><td></td><td></td><td></td><td></td><td colspan="2"></td></tr>
<tr><td colspan="2">确定故障部位及处理方法</td><td colspan="6"></td></tr>
<tr><td colspan="2">确认排除故障(试车)</td><td colspan="6"></td></tr>
</table>

项目2 检测与修复大众速腾轿车轮速传感器及电路故障

1 项目说明

一大众速腾车主反映,其车ABS和ESP警示灯同时点亮。通过技师诊断,确定故障发生在轮速传感器或者其线路连接。

轮速传感器及电路检修是系统维护和故障诊断的主要组成部分,应按技术标准对轮速传感器及电路进行检修。轮速传感器的常见故障是无信号电压、信号电压低及变化异常等。

2 技术标准与要求

(1)每个学员独立完成此项目。

(2)技术标准。

传感器间隙:0.3~1.1mm;

传感器电阻:1.3~1.7kΩ(20℃);

传感器输出信号电压:0.25~1.2V(AC)。

3 设备器材

(1)速腾轿车一辆;

(2)大众公司故障诊断仪VAS5051;

(3)汽车万用表;

(4)示波器;

(5)举升机;

(6)常用拆装工具一套。

4 作业准备

(1)清洁工具;

(2)检查举升机;

(3)维修手册。

5 操作步骤

1)检测轮速传感器数据流

检测轮速传感器数据流可以确认轮速传感器及其相关电路是否存在故障。

(1)关闭点火开关;

(2)连接诊断仪;

(3)一人驾驶汽车,一人操作诊断仪,在汽车行驶中读取并记录轮速传感器在相应车速下的数据流;

(4)改变车速,分别记录加速、减速工况下数据流的变化;

(5)分析测试结果:

①所有车轮的轮速数据应相同;

②数据值应与车速一致;

③数据值随车速改变而正比例变化。

否则,应进一步检测有关轮速传感器的相关电路故障。

2)检测轮速传感器

(1)拆下车轮,检查轮速传感器的安装情况,并清洁传感器感应端子,必要时应进行调整安装。

(2)检查传感器和转子之间的间隙是否为0.3~1.1mm,如图5-22所示。

(3)拆下传感器插头,检查传感器电阻。两端子之间的电阻应为1.3~1.7kΩ(20℃),任一端子对搭铁电阻应为无穷大。否则,应更换轮速传感器。

(4)检查传感器输出信号:

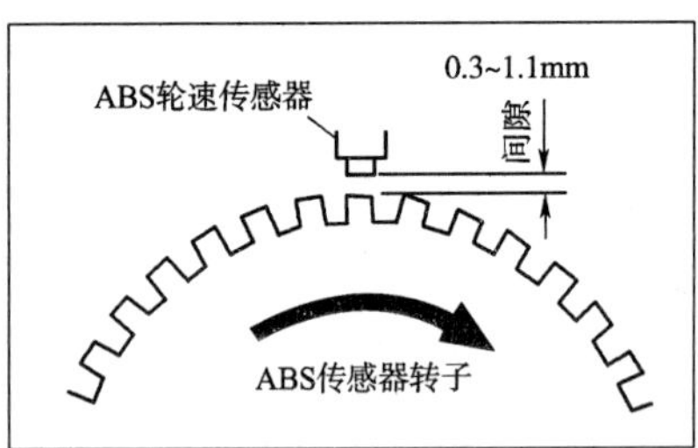

图 5-22　检查传感器和转子之间的间隙

①电压检测法：举升车轮，使四轮悬空，拆下 ABS 传感器插头。以每秒转一圈的速度转动转子，检查传感器输出信号电压，应为 0.25 ~ 1.2V(AC)，否则，应更换 ABS 轮速传感器。

②波形检测法：举升车轮，使四轮悬空，拆下 ABS 传感器插头。旋转车轮，用示波器检查传感器输出信号波形，如前所示。若波形与图示不符，则应更换传感器。

(5)检测轮速传感器连接线路：

关闭点火开关，脱开传感器及电控单元线束连接器。用万用表检测“3”—“2G2”、“5”—“2G1”端子之间及对搭铁电阻，检测方法及结果如图 5-23 所示。否则，应进一步检测导线是否有短路、断路或搭铁故障。

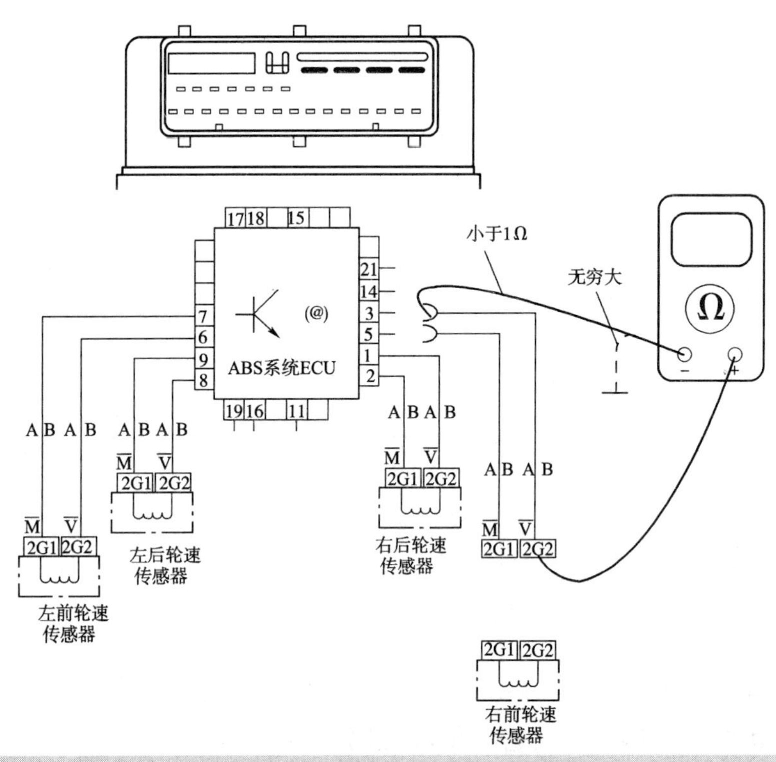

图 5-23　检测轮速传感器连接线路

(6)检测轮速传感器线束连接器：

装回传感器线束连接器，保持电控单元线束连接器脱开。用万用表检测线束端“5”-“3”之间的电阻，如图 5-24 所示。测量值应为 1.3 ~ 1.7kΩ，且与本项目步骤(2)所测值相差不大于 2Ω，否则，应进一步检测连接器是否接触不良。

(7)检测轮速传感器电控单元电路：

装回电控单元线束连接器,脱开传感器线束连接器。将点火开关置于ON,用万用表检测“2G1”、“2G2”之间的电压,检测方法及结果如图5-25所示。否则,应进一步检测电控单元连接器是否接触不良或电控单元是否有故障。

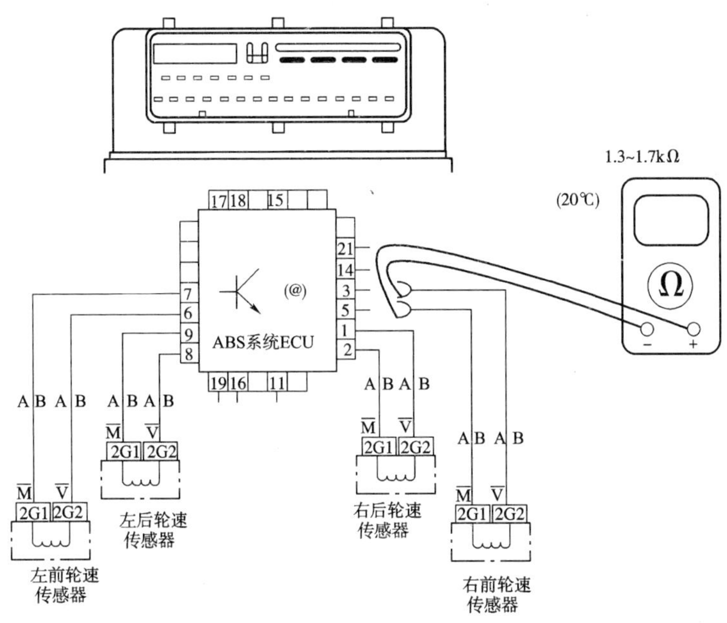

图5-24 检测轮速传感器线束连接器

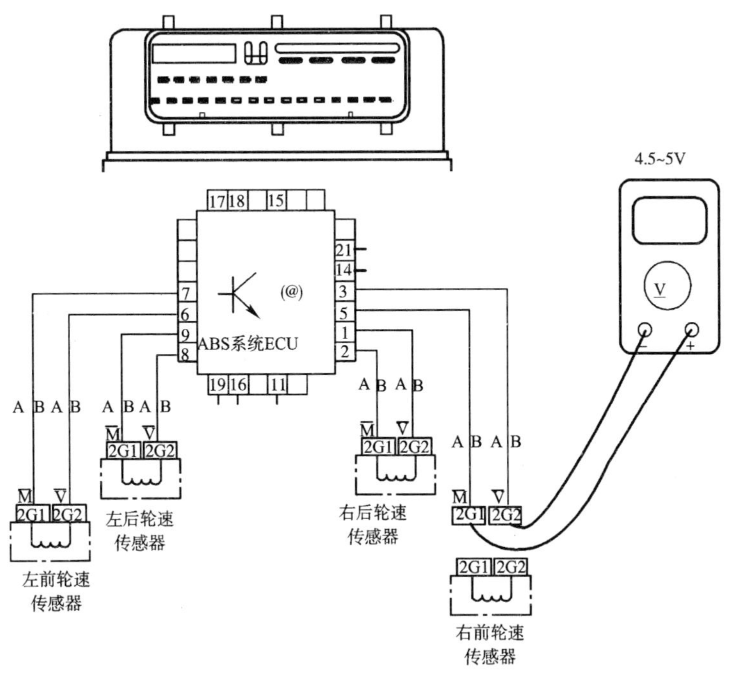

图5-25 检测轮速传感器电控单元电路

6 记录与分析(表 5-2)

检测与修复速腾轿车轮速传感器及电路故障作业记录单 表 5-2

<table>
<tr><td>姓名</td><td></td><td>班级</td><td></td><td>学号</td><td></td><td>组别</td><td></td></tr>
<tr><td>车型</td><td></td><td>发动机编号</td><td></td><td>作业单号</td><td></td><td>作业日期</td><td></td></tr>
<tr><td colspan="4">检查范围</td><td colspan="4">检查结果</td></tr>
<tr><td colspan="4">轮速传感器数据流</td><td colspan="4"></td></tr>
<tr><td colspan="4">轮速传感器</td><td colspan="4"></td></tr>
<tr><td colspan="4">轮速传感器连接线路</td><td colspan="4"></td></tr>
<tr><td colspan="4">轮速传感器线束连接器</td><td colspan="4"></td></tr>
<tr><td colspan="4">轮速传感器电控单元电路</td><td colspan="4"></td></tr>
<tr><td colspan="2">处理意见</td><td colspan="6"></td></tr>
<tr><td colspan="2">制订修理方法</td><td colspan="6"></td></tr>
</table>

项目 3 检测与修复大众速腾轿车横摆率传感器及电路故障

1 项目说明

一大众汽车特约维修店接到一辆速腾 1.4TSI 轿车,据车主反映,该车 ESP 警示灯闪亮,ESP 系统失效,不起作用。通过技师诊断,确定故障发生在横摆率传感器或者其线路连接。

横摆率传感器及电路检修是系统维护和故障诊断的主要组成部分,应按技术标准对横摆率传感器及电路进行检修。没有横摆率测量值,控制单元无法确定车辆是否发生转向,ESP 功能失效。横摆率传感器及电路常见故障有:线路损坏断路、对正极短路、对负极短路、传感器有不可靠信号等。

2 技术标准与要求

(1)每个学员独立完成此项目。

(2)技术标准。

横摆率传感器数据流:0 ~ 4V(行驶);2.5V(静止)。

3 设备器材

(1)速腾轿车一辆;

(2)大众公司故障诊断仪 VAS5051;

(3)汽车万用表;

(4)常用拆装工具一套。

4 作业准备

(1)清洁工具;
(2)维修手册。

5 操作步骤

1)识记横摆率传感器相关电路及电路参数

横摆率传感器相关电路如图5-26。

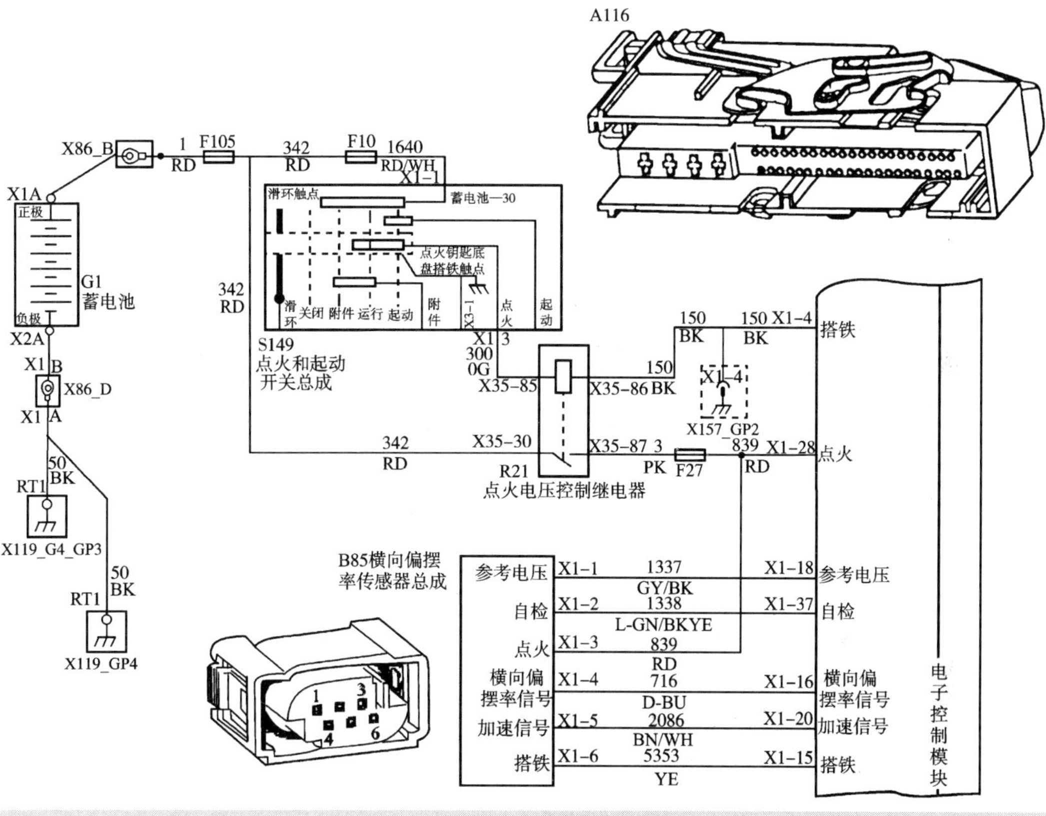

图5-26　横摆率传感器相关电路

横摆率传感器相关电路参数见表5-3。

横摆率传感器相关电路参数　　表5-3

端子号	检测条件	检测结果
X1-1—搭铁	打开点火开关,拔下传感器插接器	5V
X1-2—X1-37	拔下传感器插接器	<1Ω
X1-3—搭铁	打开点火开关,拔下传感器插接器	蓄电池端电压
X1-4—X1-16	拔下传感器插接器	<1Ω
X1-5—X1-20	拔下传感器插接器	<1Ω
X1-6—X1-15	拔下传感器插接器	<1Ω

2)读取横摆率传感器数据流

(1)关闭点火开关。

(2)连接诊断仪。

(3)保持点火开关为 OFF 10s 以上。

(4)一人驾驶汽车,一人操作诊断仪,按照诊断仪提示读取并记录横向加速度和横摆率传感器数据流。

(5)分析测试结果:数据显示应为 0 ~ 5V,且随汽车横摆速度的变化而变化,当汽车处于静止状态时为2.5V。否则,应进一步检测相关电路。

3)检测横摆率传感器连接线路

将点火开关置于 OFF,脱开横摆率传感器线束连接器和电控单元线束连接器。用万用表分别检测相应端子 X1-6—X1-15、X1-5—X1-20、X1-4—X1-16、X1-3—F27、X1-2—X1-37、X1-1—X1-18 之间及任一端子对搭铁的电阻,检测方法及结果如图 5-27 所示。否则,应进一步检测有关线路是否短路、断路或搭铁故障。

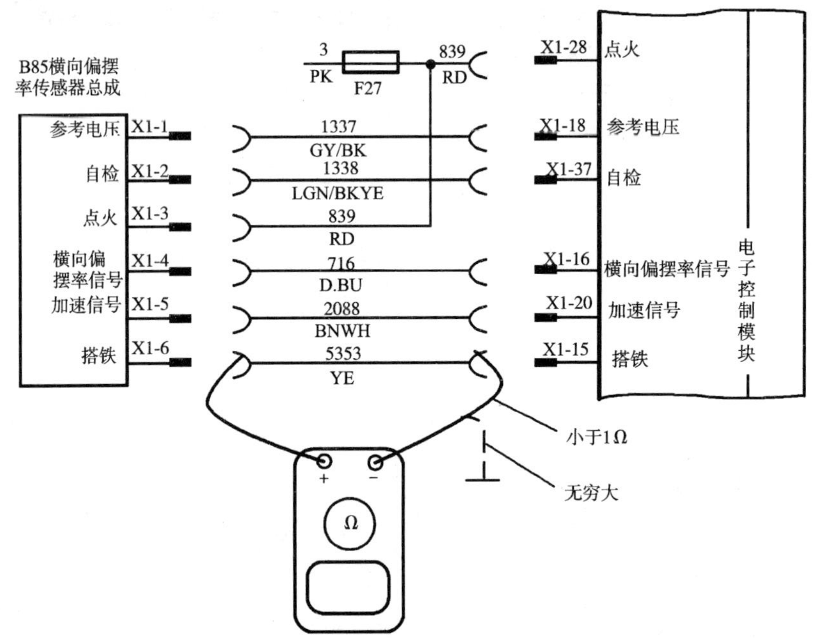

图 5-27 检测横摆率传感器连接线路

4)检测横摆率传感器供电电路

装回电控单元线束连接器,保持传感器线束连接器脱开,将点火开关置 ON。用万用表分别检测 X1-1—X1-6、X1-3—X1-6、X1-4—X1-6、X1-5—X1-6 之间的电压,如图 5-28 所示。否则,应进一步检测电控单元线束连接器是否接触不良或电控单元有无电压输出或继电器电路有无故障。

5)检测横摆率传感器输出信号电压

装回横摆率传感器线束连接器,将点火开关置为 ON,用万用表检测“X1-4”—“X1-6”、“X1-5”—“X1-6”之间的电压,如图 5-29 所示。

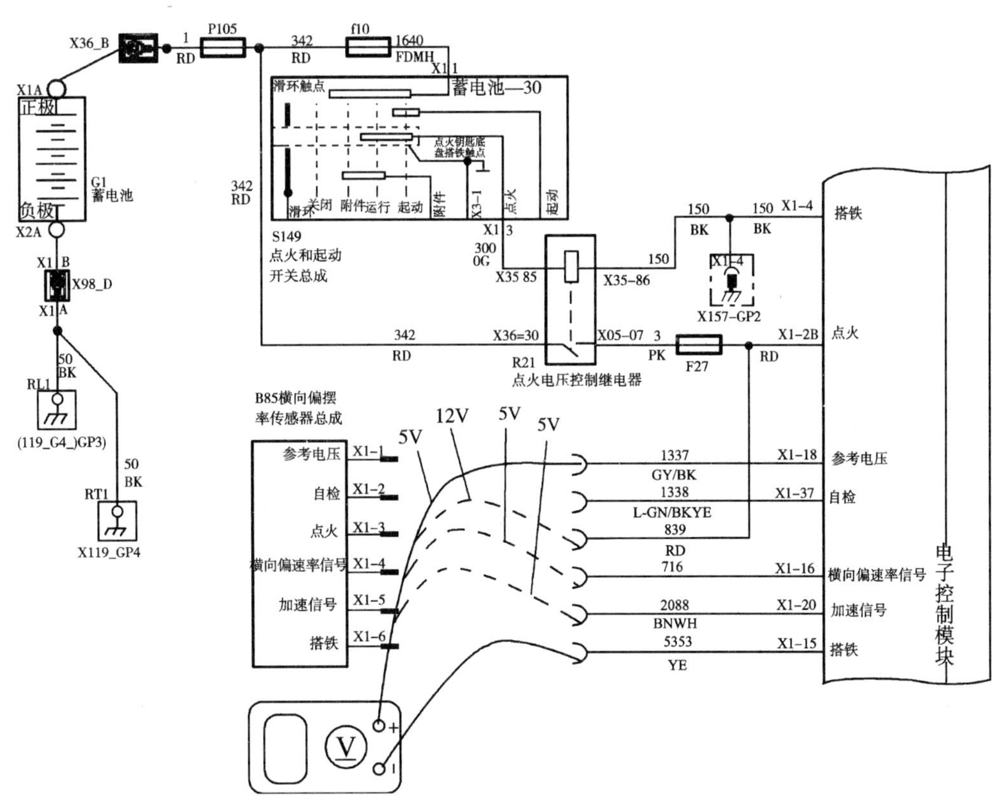

图5-28　检测横摆率传感器供电电路

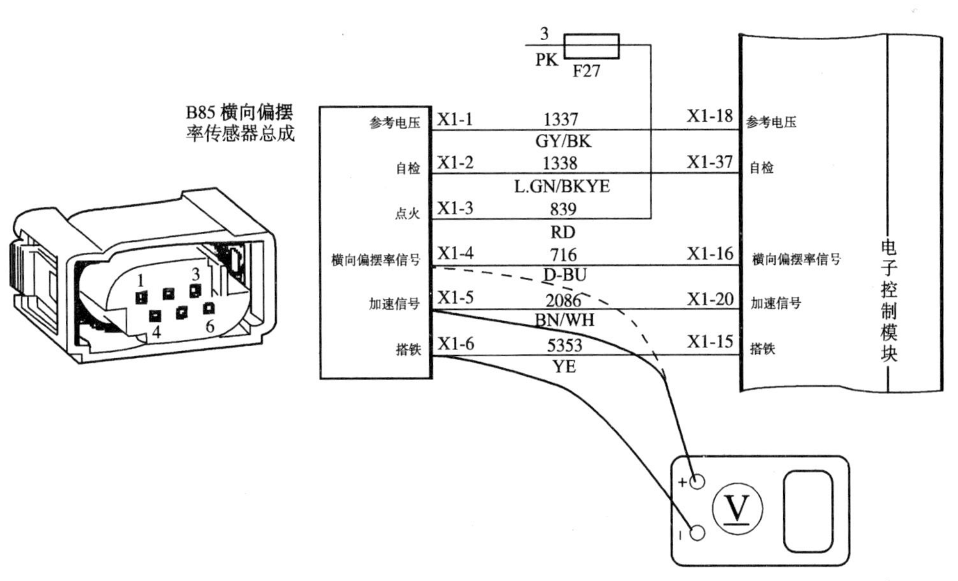

图5-29　检测横摆率传感器输出信号电压

当汽车静止时,应为2.5V;汽车行驶在横摆状态时,电压应在0~5V之间变化。否则,应进一步检测传感器线束连接器是否接触不良或传感器是否损坏。

6 记录与分析(表5-4)

检测与修复速腾轿车横摆率传感器及电路故障作业记录单　　表5-4

姓名		班级		学号		组别	
车型		发动机编号		作业单号		作业日期	
检查范围				检查结果			
横摆率传感器数据流							
横摆率传感器连接线路							
横摆率传感器供电电路							
横摆率传感器输出信号电压							
处理意见							
制订修理方法							

项目4　检测与修复ESP系统转向角度传感器故障

1 项目说明

某大众汽车维修店接收一辆速腾1.6L手动时尚型轿车,据车主反映,其车ESP警示灯闪亮,车辆无法识别实际行驶方向,ESP系统不起作用。通过技师诊断,确定故障发生在转向角度传感器或者其线路连接。

转向角度传感器及电路检修是系统维护和故障诊断的主要组成部分,应按技术标准对转向角度传感器及电路进行检修。传感器发生电路断电(如拔过插头)、更换转向角度传感器或者更换ECU以后,都需要对该传感器进行初始化设定。

2 技术要求

每个学员独立完成此项目。

3 设备器材

(1)速腾轿车一辆;
(2)示波器;
(3)汽车万用表;
(4)常用拆装工具一套。

4 作业准备

(1)清洁工具;

(2)维修手册。

5 操作步骤

制动控制系统与转向助力电控系统共用一个转向盘转角传感器,其信号通过CAN总线传送给制动电控单元。该传感器是ESP系统中唯一一个直接通过CAN-Bus线路向控制单元传递信号的传感器。其检测、校准方法如下:

1)识记转向角度传感器的电路及电路参数

转向角度传感器的电路如图5-30所示,传感器工作电压为12V,输出信号为矩形脉冲。

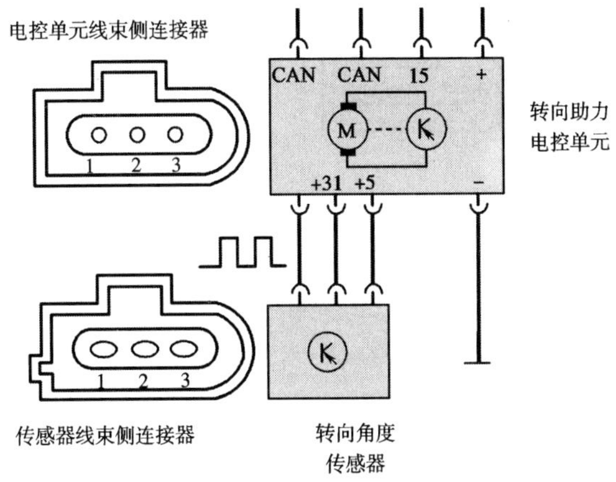

图5-30 转向角度传感器的电路

2)检测转向角度传感器信号波形

将点火开关置为ON,原地左右转动转向盘,用示波器检测电控单元转向角传感器端子3的波形,如图5-31所示。

当转向盘的转动速度改变时,脉冲宽度应随着改变,同时能听到助力油泵电机的转速也随着改变。否则应进一步检查相关线路。

3)检测转向角度传感器

将点火开关置为OFF,脱开转向角传感器的线束连接器,在传感器端子3和端子2施加蓄电池电压(12V),转动转向盘,用示波器检测端子1的波形应如图5-32所示。否则更换传感器。

4)检测转向角度传感器连接线路

将点火开关置为OFF,拔下转向角度传感器线束两端的连接器,用万用表检测两连接器对应端子“3”-“1”、“2”-“2”、“1”-“3”之间的电阻及端子对搭铁电阻,检测结果应如图5-33所示。否则应进一步检测导线有无短路、断路或搭铁故障。

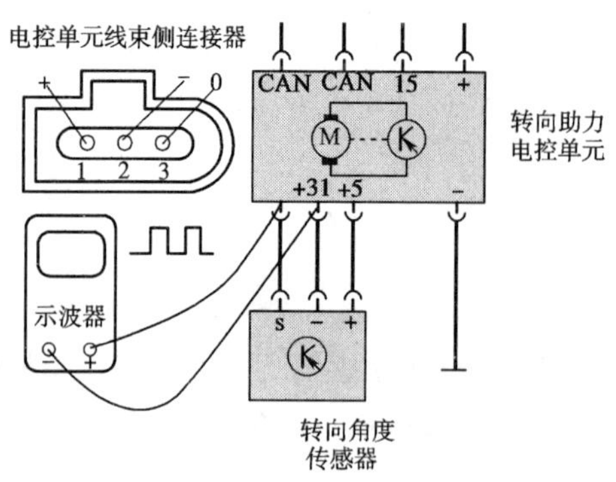

图 5-31 检测转向角度传感器信号波形

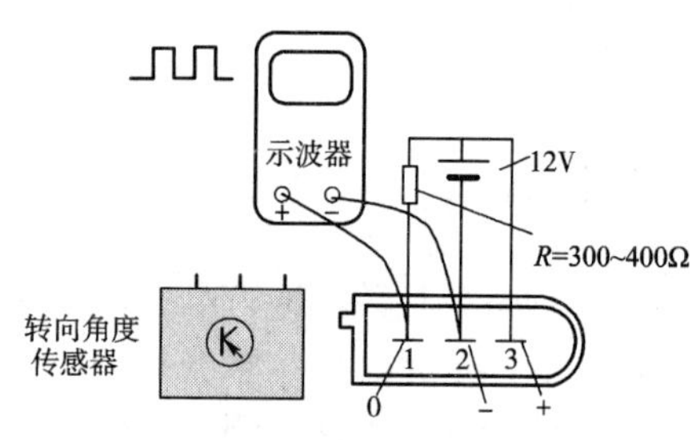

图 5-32 检测转向角度传感器 1 号端子波形

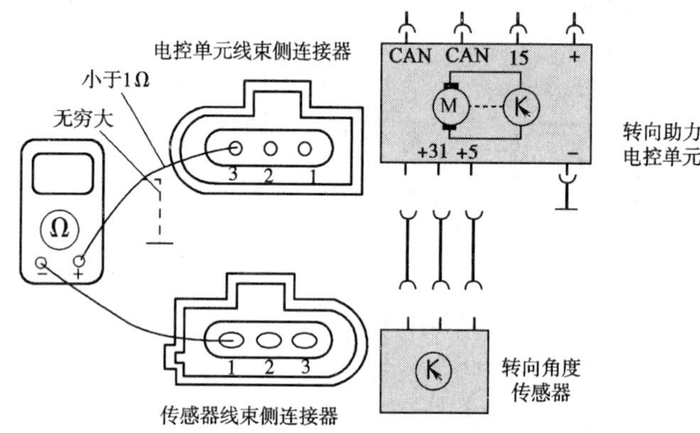

图 5-33 检测转向角度传感器连接线路

5）检测转向角度传感器供电电压

装回电控单元端线束连接器，将点火开关置为 ON，用万用表测量传感器端线束连接器相应端子之间的电压，检测结果应如图 5-34 所示。否则应进一步检测电控单元连接器是否接触不良或电控单元是否工作正常。

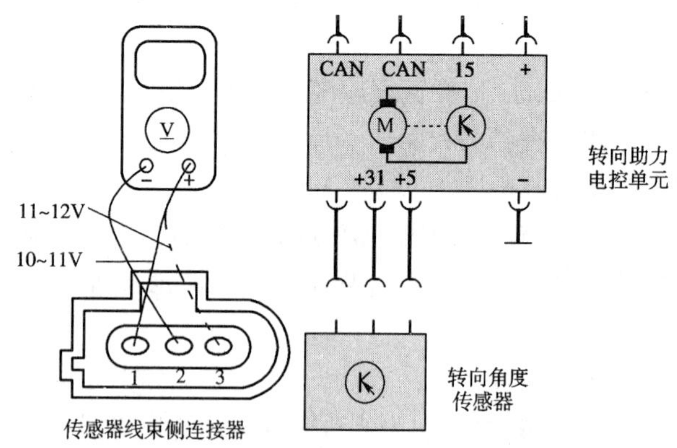

图 5-34 检测转向角度传感器供电

6 记录与分析(表5-5)

检测与修复ESP系统转向角度传感器故障作业记录单 表5-5

姓名		班级		学号		组别	
车型		发动机编号		作业单号		作业日期	
检查范围				检查结果			
转向角度传感器的电路及电路参数							
转向角度传感器信号波形							
转向角度传感器							
转向角度传感器连接线路							
转向角度传感器供电电压							
处理意见							
制订修理方法							

三、学 习 评 价

1 理论考核

1)分析题

(1)简述速腾轿车ESP系统的组成和作用。

(2)简述速腾轿车ESP系统的结构和基本工作原理。

(3)简述ESP系统使用的关键技术。

(4)如何对ESP系统进行制动器排气。

(5)简述ESP系统的各传感器的检修方法及技术要点。

2)判断题

(1)ESP系统在不同的车型上,往往采用不同的名称,如奔驰、奥迪称为VSC,宝马称其为DSC;丰田、雷克萨斯称其为ESP。 ( )

(2)速腾的电子控制单元与液压控制装置集成在一起组成一个总成。 ( )

(3)ESP可以通过主动调控发动机的转速,来调整每个轮子的驱动力和制动力,以修正汽车的过度转向和转向不足。 ( )

(4)电子控制单元通过车轮速度传感器和横向偏摆率传感器来计算车辆的实际行驶方向。 ( )

3)选择题

(1)电子控制单元通过( )感知驾驶员控制的行驶方向。

A. 转向盘转角传感器　　　　B. 轮速传感器
C. 横摆率传感器　　　　　　D. 加速传感器

(2)速腾的(　　)是 ABS/TCS/ESP 系统的控制中心。

A. 液压调节器总成　　　　　B. 电子控制单元
C. 后轮速度传感器信号环　　D. 横向偏摆率传感器

(3)以下不是人工读取故障码的方式是(　　)。

A. 通过 ABS 警告灯闪烁读取　　B. 通过电子控制单元盒上的二极管灯读取
C. 通过自制的发光管灯读取　　　D. 解码器读取

2 技能考核

项目 1 的评分表见表 5-6。

检测与修复速腾轿车 ESP 故障报警灯常亮故障项目评分表　　表 5-6

<table>
<tr><td rowspan="2">基本信息</td><td>姓名</td><td></td><td>学号</td><td></td><td>班级</td><td></td><td>组别</td><td></td></tr>
<tr><td>规定时间</td><td></td><td>完成时间</td><td></td><td>考核日期</td><td></td><td>总评成绩</td><td></td></tr>
<tr><td rowspan="10">任务工单</td><td rowspan="2">序号</td><td colspan="3" rowspan="2">步骤</td><td colspan="2">完成情况</td><td rowspan="2">标准分</td><td rowspan="2">评分</td></tr>
<tr><td>完成</td><td>未完成</td></tr>
<tr><td>1</td><td colspan="3">车辆初步检查</td><td></td><td></td><td>10</td><td></td></tr>
<tr><td>2</td><td colspan="3">检测仪器校准</td><td></td><td></td><td>5</td><td></td></tr>
<tr><td>3</td><td colspan="3">诊断仪连接方法</td><td></td><td></td><td>5</td><td></td></tr>
<tr><td>4</td><td colspan="3">故障码读取方法</td><td></td><td></td><td>5</td><td></td></tr>
<tr><td>5</td><td colspan="3">故障部位判定</td><td></td><td></td><td>15</td><td></td></tr>
<tr><td>6</td><td colspan="3">故障排除</td><td></td><td></td><td>15</td><td></td></tr>
<tr><td>7</td><td colspan="3">车辆运行状况最终检查</td><td></td><td></td><td>5</td><td></td></tr>
<tr><td>8</td><td colspan="3">清洁及整理</td><td></td><td></td><td>5</td><td></td></tr>
<tr><td colspan="2">安全</td><td colspan="5"></td><td>5</td><td></td></tr>
<tr><td colspan="2">5S</td><td colspan="5"></td><td>5</td><td></td></tr>
<tr><td colspan="2">沟通表达</td><td colspan="5"></td><td>5</td><td></td></tr>
<tr><td colspan="2">工单填写</td><td colspan="5"></td><td>10</td><td></td></tr>
<tr><td colspan="2">工艺制订</td><td colspan="5"></td><td>10</td><td></td></tr>
</table>

项目 2 的评分表见表 5-7。

检测与修复速腾轿车轮速传感器及电路故障项目评分表　　表5-7

基本信息	姓名		学号		班级		组别	
	规定时间		完成时间		考核日期		总评成绩	
任务工单	序号	步骤			完成情况		标准分	评分
					完成	未完成		
	1	考核准备： 机件： 量具：					10	
	2	清洁机件					5	
	3	检测轮速传感器数据流					5	
	4	检测轮速传感器					10	
	5	检测轮速传感器连接线路					10	
	6	检测轮速传感器线束连接器					10	
	7	检测轮速传感器电控单元电路					10	
	8	清洁及整理					5	
安全							5	
5S							5	
沟通表达							5	
工单填写							10	
工艺制订							10	

项目3的评分表见表5-8。

检测与修复速腾轿车横摆率传感器及电路故障项目评分表　　表5-8

基本信息	姓名		学号		班级		组别	
	规定时间		完成时间		考核日期		总评成绩	
任务工单	序号	步骤			完成情况		标准分	评分
					完成	未完成		
	1	考核准备： 机件： 量具：					10	
	2	清洁机件					5	
	3	识记横摆率传感器相关电路及电路参数					10	
	4	读取横摆率传感器数据流					5	
	5	检测横摆率传感器连接线路					10	
	6	检测横摆率传感器供电电路					10	
	7	检测横摆率传感器输出信号电压					10	
	8	清洁及整理					5	
安全							5	
5S							5	
沟通表达							5	
工单填写							10	
工艺制订							10	

项目4的评分表见表5-9。

检测与修复ESP系统转向角度传感器故障项目评分表 表5-9

基本信息	姓名		学号		班级		组别	
	规定时间		完成时间		考核日期		总评成绩	
任务工单	序号	步骤			完成情况		标准分	评分
					完成	未完成		
	1	考核准备： 机件： 量具：					10	
	2	清洁机件					5	
	3	识记转向角度传感器的电路及电路参数					10	
	4	检测转向角度传感器信号波形					5	
	5	检测转向角度传感器					10	
	6	检测转向角度传感器连接线路					10	
	7	检测转向角度传感器供电					10	
	8	清洁及整理					5	
安全							5	
5S							5	
沟通表达							5	
工单填写							10	
工艺制订							10	

参 考 文 献

[1] 栾庭森.汽车防滑控制系统结构与维修[M].北京:机械工业出版社,2007.

[2] 舒华,姚国平.汽车电子控制技术[M].北京:人民交通出版社,2008.

[3] 周林福.汽车底盘构造与维修[M].北京:人民交通出版社,2007.

[4] 张浩.汽车底盘电控技术[M].北京:中国劳动社会保障出版社,2009.

[5] 刘仲国.汽车制动系统维修工作页[M].北京:人民交通出版社,2008.

[6] 丰田汽车公司.丰田售后服务培训汽车维修教程[M].北京:高等教育出版社,2006.

[7] 李栓成,刘志顺.汽车底盘构造与维修[M].北京:金盾出版社,2007.

[8] 嵇伟.轿车底盘故障诊断与分析[M].北京:机械工业出版社,2009.

[9] 肖永清.汽车故障检修技术[M].北京:金盾出版社,2006.

[10] 卢胜春.汽车机械维修实训教程[M].北京:化学工业出版社,2007.

[11] 朱建柳,黄立新.汽车底盘构造与维修[M].上海:上海科学技术出版社,2010.

[12] 丛树林,王峰.汽车底盘维修实训教程[M].北京:人民交通出版社,2008.

[13] 张士江.汽车底盘电控系统维修[M].北京:机械工业出版社,2010.

[14] 李巍.汽车 ABS/BAS/DSC/ESP 系统维修实例精选及剖析[M].北京:机械工业出版社,2010.

[15] 李春明.汽车底盘电控技术[M].北京:机械工业出版社,2009.

[16] 姚焕新.汽车底盘电控系统检修[M].北京:人民邮电出版社,2009.

[17] 杨庆彪.汽车电控制动系统原理与维修精华[M].北京:机械工业出版社,2006.

[18] 一汽丰田修理手册.

[19] 一汽大众学习手册.